校园珍稀濒危植物与珍贵园林树木图鉴

主　编　杨照渠　张　浩　王普形

参　编　张月苗　罗春萍　陈梦微

　　　　王云冰

北京理工大学出版社
BEIJING INSTITUTE OF TECHNOLOGY PRESS

内 容 提 要

本书主要反映台州科技职业学院的珍稀濒危植物资源及 2018 年以来引进的珍贵园林树木，全书共收录国家一级保护野生植物 28 种、二级保护野生植物 94 种、省级保护及其他珍稀濒危植物 59 种，其中重点介绍的珍稀濒危植物有 181 种，每种均配有实物图片，介绍的文字信息包括中文名、学名、别名、科属、物种保护、形态特征、产地生境、功用价值、致危因素；还收录了北美红杉等珍贵园林树种品种 56 个，也以图文结合的方式进行介绍。编写时力求科学性与实用性相结合，努力提高本书的可读性，使之成为校园生态文明建设的有效载体。

本书可作为园林、园艺及生物类专业师生的教学参考书，也可作为园林绿化工作者、珍稀濒危植物保护人员的参考用书及对植物感兴趣的读者的科普读物。

图书在版编目（CIP）数据

校园珍稀濒危植物与珍贵园林树木图鉴 / 杨照渠，张浩，王普形主编 . -- 北京：北京理工大学出版社，2025.5.
ISBN 978-7-5763-5406-5
　Ⅰ . Q948.52-64；S68-64
中国国家版本馆 CIP 数据核字第 2025R08W72 号

责任编辑：龙　微　　　　**文案编辑：**邓　洁
责任校对：周瑞红　　　　**责任印制：**王美丽

出版发行 / 北京理工大学出版社有限责任公司
社　　址 / 北京市丰台区四合庄路 6 号
邮　　编 / 100070
电　　话 / (010) 68914026（教材售后服务热线）
　　　　　　 (010) 63726648（课件资源服务热线）
网　　址 / http://www.bitpress.com.cn
版 印 次 / 2025 年 5 月第 1 版第 1 次印刷
印　　刷 / 三河市腾飞印务有限公司
开　　本 / 787 mm×1092 mm　1/16
印　　张 / 16
字　　数 / 357 千字
定　　价 / 98.00 元

序
FOREWORD

植物是全球生物多样性和生态系统的核心组成部分，是人类赖以生存和发展的基础。随着经济社会发展和人类活动加剧，生境破坏、过度利用、气候变化等多种因素，野生植物的生存正遭受严重威胁。一个物种就是一个基因库，是生命体经历数百万年甚至更长时间进化所形成的，其潜在价值具有不可替代性。一旦物种灭绝，其所造成的损失将无可挽回。为避免一些植物在现有的脆弱生境中受到灭顶之灾，加强对以珍稀濒危植物为主的野生植物的迁地保护工作，是抢救珍稀濒危植物的重要措施之一。这项工作既是保存种质资源、促进可持续发展的需要，也是建设生态文明的重要任务，对于满足国民日益增长的物质精神文化需求、提高人民的生活质量具有十分重要的意义。

在台州科技职业学院和金则新教授（台州学院原院长）的大力倡导、推动下，学校依托园艺技术"双高"专业群优势，于2018年启动珍稀濒危植物引种工作，2019年11月"浙江省植物进化生态学与保护重点实验室台科院珍稀濒危植物迁地保护基地""省植物进化生态学与保护重点实验室台科院珍稀濒危植物科普基地"在学校顺利揭牌。经过各方6年多的不懈努力，学校已引进珍稀濒危植物180余种，其中列入国家重点保护野生植物名录的物种有130种，为学校丰富植物种质资源、开展濒危植物教学科研、推进美丽校园建设奠定了坚实的基础。

《校园珍稀濒危植物与珍贵园林树木图鉴》一书的出版，凝聚了致力于珍稀濒危植物保护的众多有志之士的心血，展示了学校在珍稀濒危植物迁地保护工作中取得的初步成果。希望学校在引进更多珍稀濒危植物的基础上，逐步把校园建设成为珍稀濒危植物园，丰富教学资源，助力专业建设，同时，探索提升迁地保护技术，加强植物资源开发利用，并通过虚拟仿真信息化技术等方法广泛开展科普宣传教育活动，普及植物对人类贡献的知识，提高对保护植物重要意义的认识，服务生态文明和美丽中国建设。

邱士明

二〇二四年十月

前言
PREFACE

　　珍稀濒危植物是生物多样性的重要组成部分，对维持生态平衡、保护地球环境意义重大，加强珍稀濒危植物资源的保护力度也已成为全球共识。1978 年，世界自然保护联盟（International Union for Conservation of Nature，IUCN）首次出版了《IUCN 物种红色名录》，2000 年，通过了《IUCN 红色名录等级和标准（3.1 版）》，确定了一套为全球广泛接受使用的物种受威胁等级划分体系。在这个体系中，除未予评估（NE）和数据缺乏（DD）的物种外，其余所评估的物种按灭绝风险从高到低依次划分为灭绝（EX）、野外灭绝（EW）、极危（CR）、濒危（EN）、易危（VU）、近危（NT）、无危（LC）7 个等级。我国于 1980 年加入"濒危野生动植物种国际贸易公约"（the Convention on International Trade in Endangered Species of Wild Fauna and Flora，CITES），开启了对稀有濒危植物的关注和保护。1996 年发布了《中华人民共和国野生植物保护条例》，自 1977 年 1 月 1 日起施行，1999 年公布了《国家重点保护野生植物名录》（第一批），2021 年公布了《国家重点保护野生植物名录》（第二批），将我国野生植物保护管理工作纳入了法制化轨道。

　　本书第一部分"校内'国家重点保护野生植物'"是指《国家重点保护野生植物名录》（第二批）包含的物种。第二部分"校内其他珍稀濒危植物图鉴"包括各省（市、自治区）重点保护野生植物，以及 IUCN 受威胁物种红色名录（2025 年第一版）、CITES（2023 年版）、国家"十四五"规划抢救性保护的 50 种极小种群野生植物、《中国生物多样性红色名录—高等植物卷（2020）》《中国珍稀濒危植物图鉴》（国家林业局野生动植物保护与自然保护区管理司、中国科学院植物研究所，2013）及中国珍稀濒危植物信息系统（https://www.iplant.cn/rep/protlist）"受威胁物种信息"所包含的物种。第三部分"近年引进的珍贵园林树种图鉴"主要指 2018 年以来引进的珍贵园林树种。

　　本书的作者及编写分工如下：杨照渠负责编写"校内'国家重点保护野生植物'"之金毛狗科 – 蜡梅科，张月苗负责编写"校内'国家重点保护野生植物'"之樟科 – 豆科，罗春萍负责编写"校内'国家重点保护野生植物'"之蔷薇科 – 龙脑香科，陈梦微负责编写"校内'国家重点保护野生植物'"之叠珠树科－忍冬科，张浩负责编写"校内其他珍稀濒危植物图鉴"，王普形负责编写"近年引进的珍贵园林树种图鉴"，全书由杨照渠负责统稿。书中插图主要由王云冰、杨照渠及本书其他作者提供。

本书是在台州科技职业学院及农业与生物工程学院领导的督促与指导下完成的。台州学院金则新教授对珍稀濒危植物的界定、文章结构编排等提出了建设性的意见；台州市农业农村局王冬米高级工程师、戴云喜高级工程师等专家对本书的编写提出了宝贵的建议；宁波市林场何立平副场长、宁波城市职业技术学院祝志勇教授、三门县农林局郑从都副局长、三门县农林局舒红锁同志、临海市林特局朱朝芳同志、临海市自然资源与规划局胡加共同志、宁海县力洋镇野村苗木专业合作社叶国庆社长、浙江柑橘研究所柯甫志副研究员等专家亲临校园或通过线上联系，对有关树种与品种进行了鉴定；浙江农业科学院园艺研究所孙崇波副所长、黄岩药用植物园郑江园长、台州市路桥育恩薇风园艺场潘海超场长、台州市鹤立农业发展有限公司周修机总经理、宁海县力洋镇野村苗木专业合作社叶国庆社长、植物摄影爱好者黄顺敏同志等提供了部分植物图片，在此特向所有关心与支持本书编写的专家、学者及同事们表示衷心的感谢！

由于编写时间仓促，编者水平有限，文中难免存在疏漏之处，敬请读者批评指正！

编　者

目录
CONTENTS

校园珍稀濒危植物与珍贵园林树木图鉴

 一、 校内"国家重点保护野生植物"

（一）金毛狗科

金毛狗 *Cibotium barometz*（L.）J. Sm.

别名： 金毛狗蕨

科属： 金毛狗科（Cibotiaceae）、金毛狗属（*Cibotium*）

物种保护： 国家Ⅱ级

CITES（2023）	IUCN（2025-1）	极小种群[①]	中国生物多样性红色名录—高等植物卷（2020）	中国珍稀濒危植物图鉴	中国珍稀濒危植物信息系统"受威胁物种信息"
Ⅱ级			LC	收录	

注：表格中某项目下空白表示该项目（系统）没有收录此物种。

形态特征： 大型蕨类，植株高达数米。根状茎粗大横生，顶端上翘出土，地上部分密被金黄色茸毛；叶片大，聚生于根状茎顶端，三回羽状分裂。孢子囊群成熟时张开如蚌壳。

产地生境： 分布于浙江南部、福建、江西、湖南等地区。生于沟谷林缘，喜酸性红黄壤土。

功用价值： 金毛狗蕨是酸性土指示植物，对涵养水源、维护生态平衡意义重大。园林上可用于林下配置，也可作室内观赏。根状茎可入药。

致危因素： 生境退化或丧失、过度采挖。

---

① 文中各处表格中的"极小种群"均指国家"十四五"规划抢救性保护的 50 种极小种群野生植物。

（二）桫椤科

桫椤 *Alsophila spinulosa*（Wall. ex Hook.）R. M. Tryon

别名：蕨树、刺桫椤

科属：桫椤科（Cyatheaceae）、桫椤属（*Alsophila*）

物种保护：国家Ⅱ级

CITES（2023）	IUCN（2025-1）	极小种群	中国生物多样性红色名录—高等植物卷（2020）	中国珍稀濒危植物图鉴	中国珍稀濒危植物信息系统"受威胁物种信息"
Ⅱ级			VU	收录	

形态特征：大型木本蕨类植物。叶螺旋状排列于茎顶端；叶片长矩圆形，长1～2m，三回羽状深裂；羽片17～20对，互生，二回羽状深裂，小羽片18～20对；叶脉在裂片上呈羽状分裂，基部下侧小脉源自中脉基部；叶片纸质，干燥后呈现绿色。孢子囊群着生于侧脉分叉处，靠近中脉，有隔丝，囊托凸起，囊群盖球形，膜质。

产地生境：产于中国华南、华东与西南地区，浙江龙湾瑶溪、平阳怀溪、苍南赤溪等地均有分布。生于山地溪旁或疏林中。

功用价值：桫椤是白垩纪至第三纪灭绝事件的孑遗植物，对于研究植物进化和地壳演变具有重要的科学意义。树干挺拔，冠形如伞状，具有极高的观赏价值。可入药，用来治疗胸部外伤咯血等疾病。

致危因素：生境破碎化和丧失。

（三）乌毛蕨科

苏铁蕨 *Brainea insignis*（Hook.）J. Sm.

科属：乌毛蕨科（Blechnaceae）、苏铁蕨属（*Brainea*）

物种保护：国家Ⅱ级

CITES （2023）	IUCN （2025-1）	极小 种群	中国生物多样性红色名录— 高等植物卷（2020）	中国珍稀濒危 植物图鉴	中国珍稀濒危植物信息系统 "受威胁物种信息"
			VU	收录	VU

形态特征：树状蕨类，高达 1.5 m。茎干直立或斜上生长，有时出现分叉现象。叶簇生于主轴顶部，略呈二形；叶片椭圆披针形，一回羽状，羽片 30 ～ 50 对，对生或互生，线状披针形至狭披针形；孢子囊群沿主脉两侧的小脉着生，成熟时逐渐满布于主脉两侧，最终满布于能育羽片的下面。

产地生境：分布于我国广东、广西、海南、福建、台湾、云南、贵州。常生长于海拔 450 ～ 1 700 m 的向阳山坡。

功用价值：苏铁蕨是古生代泥盆纪时代的孑遗植物，对于研究植物的物种进化及植物的区系有着极其重要的意义。苏铁蕨树形美观，观赏价值高。茎部可入药，具有清凉解毒、止血散瘀等功效。

致危因素：生境破碎化或丧失，自身繁衍能力有限。

（四）苏铁科

苏铁 *Cycas revoluta* Thunb.

别名： 避火蕉、凤尾草、凤尾松、凤尾蕉、辟火蕉、铁树、美叶苏铁

科属： 苏铁科（Cycadaceae）、苏铁属（*Cycas*）

物种保护： 国家Ⅰ级

CITES（2023）	IUCN（2025-1）	极小种群	中国生物多样性红色名录—高等植物卷（2020）	中国珍稀濒危植物图鉴	中国珍稀濒危植物信息系统"受威胁物种信息"
Ⅱ级	LC		CR	收录	CR

形态特征： 常绿小乔木，树干高约2 m。羽状叶从茎的顶部生出，斜向上伸展，厚革质，坚硬；叶片向上斜展微呈"V"形，边缘显著地向下反卷。雄球花圆柱形。种子红褐色或橘红色，倒卵圆形或卵圆形，稍扁；花期6～8月，种子10月成熟。

产地生境： 原分布于中国福建、广东、台湾，在江苏、浙江等地多栽于盆中。生于海拔10～100 m的海边向阳疏林或灌丛中。

功用价值： 苏铁树形古雅，主干粗壮，坚硬如铁；羽叶洁滑光亮，四季常青，为珍贵观赏树种。多植于庭前阶旁及草坪内或作为大型盆栽布置于庭院屋廊及厅室，殊为美观。

致危因素： 生境破碎化、盗挖严重，自然繁殖困难等物种自身特性导致更新困难。

灰干苏铁 *Cycas hongheensis* S. Y. Yang et S. L. Yang ex D. Yue Wang

别名：红河苏铁、细叶苏铁

科属：苏铁科（Cycadaceae）、苏铁属（*Cycas*）

物种保护：国家Ⅰ级

CITES（2023）	IUCN（2025–1）	极小种群	中国生物多样性红色名录—高等植物卷（2020）	中国珍稀濒危植物图鉴	中国珍稀濒危植物信息系统"受威胁物种信息"
Ⅱ级	CR		CR 中国特有	收录	CR 中国特有

形态特征：常绿小乔木。茎干圆柱状，光滑，灰白色，基部逐渐膨大，中上部环痕明显。鳞叶表面光滑，背面密被茸毛。羽叶集生于茎顶，灰绿色至微蓝绿色，被覆着短柔毛。小羽片两面颜色不同，微具龙骨状，边缘稍反卷，中脉在叶背明显突起。大孢子叶球紧密包被，呈阔半球形。种子卵圆形，外种皮深橘黄色。

产地生境：中国特有种，主要分布于云南省红河哈尼族彝族自治州个旧市保和乡的麻玉、田林区。适应干热河谷气候，常生长于海拔 400 ～ 600 m 的石灰岩山坡灌丛之中。

功用价值：灰干苏铁对于研究中国与东南亚的热带植物区系联系及古植物地理都具有重要的科研价值。树干挺拔，羽叶秀丽，观赏价值高。

致危因素：原生植被遭到严重破坏，生境变得破碎化或丧失。资源过度利用，种群更新困难。

德保苏铁 *Cycas debaoensis* Y. C. Zhong et C. J. Chen

别名：秀叶苏铁、竹叶苏铁

科属：苏铁科（Cycadaceae）、苏铁属（*Cycas*）

物种保护：国家Ⅰ级

CITES（2023）	IUCN（2025–1）	极小种群	中国生物多样性红色名录—高等植物卷（2020）	中国珍稀濒危植物图鉴	中国珍稀濒危植物信息系统"受威胁物种信息"
Ⅱ级	CR		EN 中国特有	收录	CR 中国特有

形态特征：常绿小乔木，茎干地下生。叶基宿存，茎顶无茸毛。鳞叶呈狭长三角形，背面密被茸毛。羽叶 3～15 片，集生于干顶，2～3（4）回羽裂，叶柄长 0.6～1.9 m，具刺；羽片线形，长 10～22 cm，先端渐窄或长渐尖；小孢子叶球纺锤形，小孢子叶窄楔形，边缘呈浅波状，且稍有反卷；大孢子叶球为紧包型，大孢子叶两面密被棕色茸毛，种子倒卵状球形，外种皮黄色。

产地生境：分布于广西、云南等。生于开阔石灰岩山地灌丛或疏林中，耐半阴，耐瘠薄，忌积水，喜疏松、排水良好、富含有机质的土壤。

功用价值：德保苏铁保留着苏铁最原始的特征，具有很高的科学价值。德保苏铁的形态似蕨非蕨，似竹非竹，在植物界中素有"四不像"之称，为观赏苏铁类中的珍品。其种子可以酿酒。

致危因素：生境破碎化或丧失、种群更新困难，盗挖。

叉孢苏铁 *Cycas segmentifida* D. Y. Wang et C. Y. Deng

别名：西林苏铁、长孢苏铁

科属：苏铁科（Cycadaceae）、苏铁属（*Cycas*）

物种保护：国家Ⅰ级

CITES（2023）	IUCN（2025-1）	极小种群	中国生物多样性红色名录——高等植物卷（2020）	中国珍稀濒危植物图鉴	中国珍稀濒危植物信息系统"受威胁物种信息"
Ⅱ级	EN	是	EN 中国特有	收录	EN 中国特有

形态特征：常绿灌木，茎地下生。干皮黑褐色，具有宿存叶痕。鳞叶三角状披针形，羽叶集生于顶，一回羽裂，幼时呈蓝绿色，展开后变绿色，具刺。羽片薄革质，基部呈宽楔形，边缘有时呈波状，中脉两面隆起。小孢子叶球狭圆柱形，黄色；大孢子叶球近球形，大孢子叶柄具茸毛，不育顶片卵圆形，被脱落性棕色绒毛。种子球形，成熟时黄色至黄褐色。

产地生境：产于贵州、云南、广西。生于石灰岩、页岩、片岩基质发育的土壤，分布于河谷地带的阔叶林下。

功用价值：叉孢苏铁是我国特有的古老残遗种，对研究植物区系、植物地理、古气候、古地理及冰川等都具有重要的意义。植株优美奇特，有很高的观赏价值。

致危因素：星散分布，在自然界很少开花结实，幼苗不多见，资源量少，加之人为采挖十分严重，已处于极度濒危的状态。

多歧苏铁 *Cycas multipinnata* C. J. Chen et S. Y. Yang

别名：龙爪苏铁、独脚铁、独把铁

科属：苏铁科（Cycadaceae）、苏铁属（*Cycas*）

物种保护：国家 I 级

CITES （2023）	IUCN （2025-1）	极小种群	中国生物多样性红色名录—高等植物卷（2020）	中国珍稀濒危植物图鉴	中国珍稀濒危植物信息系统"受威胁物种信息"
II 级	CR		CR	收录	EN

形态特征：常绿小乔木。茎干半生地下，呈褐灰色，叶痕宿存。鳞叶狭三角形，柔软多毛。羽叶常为三回羽状，1～3 枚集生于茎顶；叶柄无毛，具刺；小羽片为纸质，边缘平坦，末级小羽片顶端尾状渐尖，中脉在叶面隆起，在叶背平坦。小孢子叶球呈窄纺锤形，小孢子叶具毛，后逐渐脱落；大孢子叶球近球形。种子扁圆形，成熟后黄色。

产地生境：分布于我国云南。生于中低山的热带雨林下，喜高温、湿润、向阳之地。

功用价值：多歧苏铁对研究种子植物的起源、与动物的协同进化、古地理气候的变化及现代种子植物区系等具有特殊的意义。叶形秀丽，具有观赏价值。

致危因素：生境破碎化，盗挖、盗卖。

叉叶苏铁 *Cycas bifida*（Dyer）K. D. Hill

别名：龙口苏铁、叉叶凤尾草、虾爪铁

科属：苏铁科（Cycadaceae）、苏铁属（*Cycas*）

物种保护：国家Ⅰ级

CITES（2023）	IUCN（2025–1）	极小种群	中国生物多样性红色名录—高等植物卷（2020）	中国珍稀濒危植物图鉴	中国珍稀濒危植物信息系统"受威胁物种信息"
Ⅱ级	VU		CR	收录	CR

形态特征：常绿灌木。茎干圆柱形，地下生。鳞叶三角形，背面密被灰褐色茸毛。羽叶顶生，2～4（8）片，叶柄基部被茸毛覆盖；羽片1～3回二叉分歧，在叶轴上排列成龙骨状；小羽片线形，顶端渐尖，边缘常呈波状。小孢子叶球呈长纺锤形，小孢子叶近匙形或宽楔形；大孢子叶球两侧各具7～11钻状裂片。种子近球形，成熟后黄色，无毛。

产地生境：分布于广西、云南。喜钙植物，通常生长在石灰岩山地沟谷、坡地林下半阴处。

功用价值：叉叶苏铁分布范围狭小，具有重要的科研价值和较高的生态价值。四季常绿，叶色青翠，可作为庭院绿化植物或盆栽观赏。花、叶、根、种子均可入药，具有凉血止血、散瘀止痛的功效。

致危因素：生境破坏、过度采挖、自然结实率低。

多羽叉叶苏铁 *Cycas multifrondis* D. Y. Wang

科属：苏铁科（Cycadaceae）、苏铁属（*Cycas*）

物种保护：国家Ⅰ级

CITES（2023）	IUCN（2025-1）	极小种群	中国生物多样性红色名录—高等植物卷（2020）	中国珍稀濒危植物图鉴	中国珍稀濒危植物信息系统"受威胁物种信息"
Ⅱ级			DD		

形态特征：常绿灌木。茎干圆柱形，半地下生；干皮灰褐色，具宿存叶痕。鳞叶三角状披针形，背面密被棕色茸毛。羽叶4～10片，叶柄的两侧具短刺，下部被疏短柔毛；裂片有1～2（3）次二叉分歧；羽片薄革质或坚纸质，呈线形，长度不等，先端渐窄或长渐尖，基部明显向下延伸，边缘平直或稍波状，两面中脉隆起。小孢子叶球为窄梭状圆柱形；小孢子叶楔形，先端具短尖头。大孢子叶球近球形，大孢子叶密被脱落性锈色茸毛，边缘呈篦齿状深裂。种子近球形，黄褐色。

产地生境：分布于我国云南东南部。常生长于海拔100～1 000 m的中低山石灰岩山地雨林下。

功用价值：多羽叉叶苏铁具有重要的科研价值和生态价值。在园林应用上，可用于林下配置，也可作为室内观赏。根状茎可入药。树形优美，羽叶常绿有光泽，极具观赏价值。

致危因素：生境退化或丧失、过度采挖。

贵州苏铁 *Cycas guizhouensis* K. M. Lan et R. F. Zou

别名： 南盘江苏铁、兴义苏铁、凤尾草、仙鹅抱蛋

科属： 苏铁科（Cycadaceae）、苏铁属（*Cycas*）

物种保护： 国家Ⅰ级

CITES（2023）	IUCN（2025-1）	极小种群	中国生物多样性红色名录——高等植物卷（2020）	中国珍稀濒危植物图鉴	中国珍稀濒危植物信息系统"受威胁物种信息"
Ⅱ级	VU		NT 中国特有	收录	CR 中国特有

形态特征： 常绿灌木。茎干圆柱状；干皮黑褐色，有宿存叶痕。鳞叶长三角形，柔软，被细毛。羽叶长 50～160 cm；叶柄光滑，密布短刺；羽片条形或条状披针形，微弯，厚革质，无毛，基部向下延伸，边缘平或微反曲。小孢子叶球呈纺锤状或椭圆状圆柱形；小孢子叶为鳞片状或盾状。大孢子叶球近球形，大孢子叶被覆盖着黄褐色茸毛。种子淡黄色，近球状或倒卵状。

产地生境： 分布于我国贵州、云南、广西。生于河谷地带的灌丛及林下。生性强健，喜光，耐半阴；喜暖热、湿润的环境，不耐严寒，耐旱；喜富含有机质、湿润且排水良好的砂质壤土。

功用价值： 贵州苏铁是中国苏铁的特有种，具有重要的科学价值。树形美观，叶片似羽毛，观赏价值高。叶可入药，具有理气止痛、散瘀消肿的功效。

致危因素： 生境破碎化或丧失、种群更新困难、过度利用。

滇南苏铁 *Cycas diannanensis* C. T. Kuan et G. D. Tao

别名：元江苏铁、多胚苏铁、蔓耗苏铁

科属：苏铁科（Cycadaceae）、苏铁属（*Cycas*）

物种保护：国家Ⅰ级

CITES（2023）	IUCN（2025-1）	极小种群	中国生物多样性红色名录—高等植物卷（2020）	中国珍稀濒危植物图鉴	中国珍稀濒危植物信息系统"受威胁物种信息"
Ⅱ级	EN		EN 中国特有	收录	CR 中国特有

形态特征：常绿灌木或小乔木，树干圆柱形，具环状叶痕。鳞叶长三角形，背面密被棕色茸毛。羽叶平展，条状矩圆形，先端钝，基部渐狭；叶柄两侧有刺，先端尖锐且微弯；羽片薄革质，斜向上伸展，先端渐尖，中脉两面隆起。小孢子叶球呈柱状卵圆形，小孢子叶柔软，背腹面不加厚；大孢子叶球为卵圆形，大孢子叶背面密生黄褐色或锈色绒毛，腹面无毛。种子卵球形，成熟时黄色。

产地生境：仅分布于我国云南。生于海拔 600～1 900 m 的疏林灌丛中。

功用价值：滇南苏铁胚珠偶尔被毛，对研究苏铁属植物的系统进化具有重要的科研价值。羽叶数量多，树干高大，极具观赏价值。

致危因素：栖息地大量丧失，人为过度采挖。

（五）银杏科

银杏 *Ginkgo biloba* L.

别名： 鸭掌树、鸭脚子、公孙树、白果

科属： 银杏科（Ginkgoaceae）、银杏属（*Ginkgo*）

物种保护： 国家Ⅰ级

CITES（2023）	IUCN（2025-1）	极小种群	中国生物多样性红色名录——高等植物卷（2020）	中国珍稀濒危植物图鉴	中国珍稀濒危植物信息系统"受威胁物种信息"
	EN		EN 中国特有	收录	CR 中国特有

形态特征： 落叶大乔木。树皮灰褐色，枝条分为长枝与短枝，短枝上密被叶痕。叶片在长枝上呈螺旋状散生，在短枝上则簇生；叶片扇形，先端二叉裂，二叉状脉；叶柄细长。雌雄异株。种子常为椭圆形、卵圆形或近圆球形，外种皮肉质，中种皮骨质，内种皮膜质。肉质假种皮被覆着白粉，绿色，成熟时黄色。

产地生境： 野生银杏残存于浙江省杭州市天目山区。生于海拔 400～1 100 m 的山坡、沟谷及陡坡峭壁之中。

功用价值： 银杏是第四纪冰川运动后的孑遗植物，被誉为"植物界的大熊猫""活化石"。植株高大挺拔，叶形奇特，秋色金黄，可作为独赏树、庭荫树、行道树，或为风景林，也可与其他色叶树种或常绿树种搭配混植。具有抗风、抗烟尘、耐污染的特性，宜作为防护林及厂矿区的绿化树种。

致危因素： 第四纪冰川运动导致其自然野生分布区域极其狭小。由于其为喜光树种，且雌雄异株，林下天然更新困难。

（六）柏科

翠柏 *Calocedrus macrolepis* Kurz

别名：长柄翠柏、大鳞肖楠

科属：柏科（Cupressaceae）、翠柏属（*Calocedrus*）

物种保护：国家Ⅱ级

CITES（2023）	IUCN（2025-1）	极小种群	中国生物多样性红色名录—高等植物卷（2020）	中国珍稀濒危植物图鉴	中国珍稀濒危植物信息系统"受威胁物种信息"
	NT		LC	收录	

形态特征：常绿乔木，高达30～35 m。树皮红褐色或灰褐色，幼时平滑，老则纵裂；小枝互生，两列状。鳞叶两对交叉对生，呈节状，小枝上下两面中央的鳞叶扁平，先端急尖；两侧的鳞叶对折，瓦覆于中央叶的侧边及下部。雌雄同株，雄球花矩圆形或卵圆形，黄色；球果矩圆形或长卵状圆柱形，成熟时红褐色；种鳞3对，木质，仅中间一对各有2粒种子。

产地生境：分布于我国广西、贵州、海南、香港、云南。常生长于海拔1 000～2 000 m（海南更低）的石灰岩地区、低山丘陵地区半湿润常绿阔叶林、南亚热带常绿阔叶林及山地雨林。

功用价值：翠柏在区系地理和森林生态研究上具有较高价值。材质优良、枝叶翠绿，适用于"四旁"绿化。枝叶剪切插瓶，保鲜期长，可用于插花装饰。

致危因素：生境退化或丧失、过度采挖。

福建柏 *Chamaecyparis hodginsii*（Dunn）Rushforth

别名： 滇福建柏、广柏、滇柏、建柏

科属： 柏科（Cupressaceae）、扁柏属（*Chamaecyparis*）

物种保护： 国家Ⅱ级

CITES（2023）	IUCN（2025-1）	极小种群	中国生物多样性红色名录—高等植物卷（2020）	中国珍稀濒危植物图鉴	中国珍稀濒危植物信息系统"受威胁物种信息"
	VU		VU	收录	VU

形态特征： 常绿乔木。树皮紫褐色，条状剥落。长有鳞叶的小枝扁平，排列成一平面，下面被覆白粉。鳞叶两两交叉对生，呈节状，先端急尖或渐尖；中央的叶片较两侧的叶片稍短，上面的中央叶片呈蓝绿色，下面的中央叶中脉两侧各有 1 条白色气孔带；侧面的叶片对折，各具 1 条较大的白色气孔带。球花单生枝顶，雌球花近球形，具 6～8 对种鳞。球果近球形，成熟时褐色。

产地生境： 分布于我国江西、浙江、湖南、四川、贵州、云南、福建、广东、广西、重庆。幼苗耐阴，成年后喜光，对土壤的适应性较强。在浙江百山祖海拔 800～1 200 m 区域，福建柏于常绿阔叶林中呈板块状分布，形成针阔叶混交林景观。

功用价值： 福建柏是我国特有的古老孑遗植物，为世界珍贵稀有的树种。木质轻软、色泽美丽、纹理细致、香气浓，是珍贵的工艺用材。树姿挺拔、四季常绿，是著名的园林树种。

致危因素： 滥采滥伐。

水松 *Glyptostrobus pensilis*（Staunton ex D. Don）K. Koch

科属：柏科（Cupressaceae）、水松属（*Glyptostrobus*）

物种保护：国家Ⅰ级

CITES（2023）	IUCN（2025-1）	极小种群	中国生物多样性红色名录—高等植物卷（2020）	中国珍稀濒危植物图鉴	中国珍稀濒危植物信息系统"受威胁物种信息"
	CR	是	VU	收录	VU

形态特征：落叶乔木，树干基部常膨大，有伸出土面或水面的呼吸根；树皮褐色或灰白色而带褐色。叶多型，鳞形叶较厚，螺旋状着生于多年生或当年生的主枝上，长约2 mm，表面分布着白色气孔点，冬季不脱落；条形叶两侧扁平且薄，常排列成二列状，背面中脉两侧有气孔带；条状钻形叶两侧扁，背腹隆起，呈辐射伸展或排列成三列状；条形叶及条状钻形叶在冬季脱落。

产地生境：分布于我国香港、福建、广东、广西、海南、江西、四川、云南。生于平原地区的河边、池畔及沼泽湿地。

功用价值：水松为我国特有的单种属植物，属于古老的残存种，对研究杉科植物的系统发育、古植物学及第四纪冰期气候等都有较重要的科学价值。木材材质轻软，耐水湿，可用于建筑等用材。根系的木质部轻松，比重为0.12，浮力大，可用来制作救生圈及软木用具等。

致危因素：过度采伐、生境退化或丧失、物种自身因素。

水杉 *Metasequoia glyptostroboides* Hu & W. C. Cheng

科属： 柏科（Cupressaceae）、水杉属（*Metasequoia*）

物种保护： 国家Ⅰ级

CITES（2023）	IUCN（2025-1）	极小种群	中国生物多样性红色名录——高等植物卷（2020）	中国珍稀濒危植物图鉴	中国珍稀濒危植物信息系统"受威胁物种信息"
	EN	是	EN 中国特有	收录	EN 中国特有

形态特征： 落叶乔木，高达35 m。树皮灰褐色，幼树裂成薄片状脱落，大树则裂成长条状脱落，内皮淡紫褐色。大枝近轮生，小枝对生；一年生小枝绿色，光滑无毛；二、三年生小枝浅褐灰色或褐灰色。叶片条形，交互对生，在侧生小枝上扭转成羽状二列；冬季与无冬芽小枝一同脱落。球果近球形或四棱状球形，成熟时深褐色。

产地生境： 野生水杉分布于湖北、重庆、湖南。喜温暖湿润气候，不甚耐寒。适合生长于土层深厚、疏松肥沃、排水良好的酸性土壤中，可耐短期的轻度积水。

功用价值： 水杉素有"活化石"之称。它对于古植物、古气候、古地理和地质学及裸子植物系统发育的研究均具有重要的意义。此外，树形优美，树干高大通直，生长速度快，是亚热带地区平原绿化的优良树种，也是速生用材树种。

致危因素： 物种内在因素，过度采伐。

台湾杉 *Taiwania cryptomerioides* Hayata

别名： 土杉、台杉、台湾松、秃杉

科属： 柏科（Cupressaceae）、台湾杉属（*Taiwania*）

物种保护： 国家Ⅱ级

CITES（2023）	IUCN（2025-1）	极小种群	中国生物多样性红色名录—高等植物卷（2020）	中国珍稀濒危植物图鉴	中国珍稀濒危植物信息系统"受威胁物种信息"
	VU		VU	收录	VU

形态特征： 常绿乔木，在原产地可高达75 m。大枝平展，小枝常排列成2列，细长下垂。大树的叶片呈四棱状钻形、腹背隆起，先端尖或钝，四面均有气孔线；幼树及萌生枝上的叶片为两侧扁平的四棱钻形，微向内弯曲，先端锐尖。雄球花2～7个簇生枝顶；雌球花球形，球果卵圆形或短圆柱形；种鳞上部边缘膜质，先端中央有小尖头，背面先端下方有不明显的圆形腺点。

产地生境： 分布于我国湖北、四川、贵州、云南、西藏、台湾、重庆。主要分布于云南怒江、澜沧江流域，贵州雷公山，湖北利川毛坝、沙溪，台湾中央山脉。

功用价值： 台湾杉是第三纪孑遗植物，对研究古植物区系地理、第四纪冰期气候及植物系统发育等都有重要的价值。生长迅速，材质优良，适应性强，是珍贵的造林树种。树形高大，树姿优美，是优良的园林观赏树种。

致危因素： 分布区面积小、自然林过度砍伐，天然更新能力有限。

崖柏 *Thuja sutchuenensis* Franch.

别名：四川侧柏、崖柏树

科属：柏科（Cupressaceae）、崖柏属（*Thuja*）

物种保护：国家Ⅰ级

CITES（2023）	IUCN（2025-1）	极小种群	中国生物多样性红色名录—高等植物卷（2020）	中国珍稀濒危植物图鉴	中国珍稀濒危植物信息系统"受威胁物种信息"
EN	是		EN 中国特有	收录	EN 中国特有

形态特征：常绿灌木或乔木。枝条繁密且向外舒展，生鳞叶的小枝扁平。鳞叶有 2 型，交互对生；中央的叶片呈斜方状倒卵形，纵脊隆起，有的纵脊有条形凹槽，先端钝，下方无腺点；侧面的叶片对折成船形，较中央的叶片稍短，先端钝，尖头内弯，两面均为绿色，无白粉。雄球花近椭圆形；球果椭圆形，种鳞 8 片，交叉对生；种子扁平，具翅。

产地生境：分布于四川、重庆。生于石灰岩山地的陡峭崖壁或崖顶。

功用价值：崖柏源起于 3 亿多年前，与恐龙处于同一时代，在白垩纪繁盛一时，为世界上最稀有、最古老的裸子植物之一，是我国特有的植物。

致危因素：崖柏种群天然更新存在严重障碍。崖柏野生种子结实率低，林下天然更新不良，且阔叶乔木入侵也带来严重影响。另外过度采挖也是一个重要因素。

（七）松科

柔毛油杉 *Keteleeria pubescens* W. C. Cheng et L. K. Fu

别名：老鼠杉

科属：松科（Pinaceae）、油杉属（*Keteleeria*）

物种保护：国家Ⅱ级

CITES （2023）	IUCN （2025-1）	极小种群	中国生物多样性红色名录—高等植物卷（2020）	中国珍稀濒危植物图鉴	中国珍稀濒危植物信息系统"受威胁物种信息"
	LC			收录	VU 中国特有

形态特征：常绿乔木。树皮纵裂状，暗褐色或褐灰色。一至二年生的枝条呈绿色，密被短柔毛。叶片线形，先端微尖或渐尖，上面深绿色，无气孔线；下面淡绿色，中脉两侧各有 25～35 条气孔线。球果短圆柱形或椭圆状圆柱形，被白粉；中部的种鳞呈五角状圆形，上部宽圆，中央微凹，两侧边缘向外反曲，背面露出部分密生短毛。

产地生境：分布于广西、贵州。生于海拔 300～1 200 m 的山坡中上部和陡峻山脊上。喜光，在石灰岩山地生长良好。

功用价值：柔毛油杉的材质优良，为建筑和家具的上乘用材。喜石灰质土壤，是广西、贵州一带石灰岩山地绿化的最适树种之一。

致危因素：人为过度采挖、生境破坏。

大别山五针松 *Pinus dabeshanensis* W. C. Cheng et Y. W. Law

别名： 大别五针松

科属： 松科（Pinaceae）、松属（*Pinus*）

物种保护： 国家 I 级

CITES （2023）	IUCN （2025-1）	极小 种群	中国生物多样性红色名录— 高等植物卷（2020）	中国珍稀濒危 植物图鉴	中国珍稀濒危植物信息系统 "受威胁物种信息"
	VU	是	EN 中国特有	收录	EN 鄂豫皖特有

形态特征： 常绿乔木。树皮棕褐色，浅裂成不规则的小方形薄片脱落。一年生枝条淡黄色或微带褐色，表面常具薄蜡层，无毛，有光泽；二至三年生枝条灰红褐色，粗糙不平；冬芽淡黄褐色，近卵圆形，无树脂。针叶每 5 针为一束，微弯曲，先端渐尖，腹面每侧有 2～4 条灰白色气孔线，叶鞘早落。球果圆柱状椭圆形，鳞脐不显著，顶生；种子淡褐色，具极短的木质翅。

产地生境： 大别山五针松仅分布于鄂、豫、皖三省交界的大别山局部山地。多生长于土壤贫瘠的山脊及悬崖石缝中。分布地夏季多云雾、冬季较寒冷，土壤为黄棕壤。

功用价值： 大别山五针松是我国特有种。对研究松属的系统发育具有一定的科学意义。材质轻软，树脂多，经久耐用，为亚热带北部海拔 900 m 以上山地的造林树种。

致危因素： 生境退化或丧失，分布区极度狭窄。

毛枝五针松 *Pinus wangii* Hu et Cheng

别名： 滇南松、云南五针松

科属： 松科（Pinaceae）、松属（*Pinus*）

物种保护： 国家Ⅰ级

CITES（2023）	IUCN（2025-1）	极小种群	中国生物多样性红色名录—高等植物卷（2020）	中国珍稀濒危植物图鉴	中国珍稀濒危植物信息系统"受威胁物种信息"
	EN		EN	收录	EN 云南特有

形态特征： 常绿乔木，高约 20 m。针叶 5 针一束，粗硬，微内弯，先端急尖，边缘有细锯齿，背面深绿色，横切面为三角形，叶鞘早落。球果单生或 2～3 个集生，成熟时呈淡黄褐色或褐色，矩圆状椭圆形或圆柱状长卵圆形；中部种鳞近倒卵形，鳞盾扁菱形，鳞脐不肥大，微凹；种子淡褐色，椭圆状卵圆形，种翅偏斜。

产地生境： 分布于云南东南部西畴、马关、麻栗坡 3 县。散生于海拔 500～1 800 m 的石灰岩山坡，或与清香木、化香等组成针阔混交林。

功用价值： 毛枝五针松作为狭域分布的云南特有种，对松属区系地理、物种分化和岩溶地区造林绿化有理论研究和开发利用价值。

致危因素： 因毁林开荒，残存植株严重分散、生境恶化，种群极小，天然更新困难。

金钱松 *Pseudolarix amabilis*（J. Nelson）Rehder

别名：水树、金松

科属：松科（Pinaceae）、金钱松属（*Pseudolarix*）

物种保护：国家Ⅱ级

CITES（2023）	IUCN（2025-1）	极小种群	中国生物多样性红色名录—高等植物卷（2020）	中国珍稀濒危植物图鉴	中国珍稀濒危植物信息系统"受威胁物种信息"
	VU		VU 中国特有	收录	VU 中国特有

形态特征：落叶乔木，高达 60 m。树皮灰褐或灰色，枝条有长枝和短枝。叶片在长枝上呈螺旋状排列，在短枝上则呈簇生状，线形，柔软，上部稍宽。雄球花簇生于短枝顶端，雄蕊多数；雌球花单生短枝顶端，直立，苞鳞大，珠鳞小。球果当年成熟，卵圆形，直立；种鳞卵状披针形，先端凹缺，木质，成熟时与果轴一同脱落；苞鳞小，不露出。种子卵圆形，白色。

产地生境：分布于安徽、福建、湖南、江苏、江西、浙江、重庆。其中，浙江是金钱松最集中的分布区。生于海拔 200 ~ 1 200 m 的山坡、谷地。

功用价值：金钱松是我国特有的单种属植物，也是世界著名的古老孑遗植物，对研究松科植物系统演化具有重要价值。金钱松树姿雄伟，为世界五大庭院树种之一。

致危因素：过度采挖。

黄杉 *Pseudotsuga sinensis* Dode

别名： 华东黄杉、狗尾树、浙皖黄杉、短片花旗松

科属： 松科（Pinaceae）、黄杉属（*Pseudotsuga*）

物种保护： 国家Ⅱ级

CITES（2023）	IUCN（2025-1）	极小种群	中国生物多样性红色名录—高等植物卷（2020）	中国珍稀濒危植物图鉴	中国珍稀濒危植物信息系统"受威胁物种信息"
	VU		LC 中国特有	收录	

形态特征： 常绿乔木，高可达 50 m。一年生小枝淡灰黄色，有毛。叶片条形，扁平，有短柄，先端钝圆或凹缺，基部宽楔形；上面深绿色，有光泽，下面有两条白色气孔带。雌雄同株，雄球花单生叶腋，雌球花单生侧枝顶端。球果矩圆状卵形或椭圆状卵形，成熟时微被覆着白粉；种鳞木质，坚硬；种子腹面上部密被褐色短毛，种翅稍长于或近等长于种子。

产地生境： 分布于陕西、安徽、江西、浙江、湖南、湖北、四川、贵州、云南、福建、重庆，浙江临安有 500 年以上古树。在海拔较高的山脊多形成纯林，或与其他树种组成混交林。

功用价值： 黄杉树干通直、材质优良、耐水湿、抗腐朽，是我国特有的珍贵用材树种。

致危因素： 过度采伐。

（八）罗汉松科

罗汉松 *Podocarpus macrophyllus*（Thunb.）Sweet

别名：土杉、罗汉杉、狭叶罗汉松

科属：罗汉松科（Podocarpaceae）、罗汉松属（*Podocarpus*）

物种保护：国家Ⅱ级

CITES（2023）	IUCN（2025-1）	极小种群	中国生物多样性红色名录—高等植物卷（2020）	中国珍稀濒危植物图鉴	中国珍稀濒危植物信息系统"受威胁物种信息"
	LC		VU		VU

形态特征：常绿乔木，高可达 20 m。树皮灰褐色，浅纵裂，片状剥落。小枝绿色，有条棱状叶枕。叶片条状披针形，微弯，长 7～13 cm，宽 0.7～1 cm，先端短尖或钝尖，基部楔形，两面中脉隆起。雄球花穗状腋生，常 3～5 个簇生于极短的花序梗上；雌球花单生叶腋，有梗。种子卵球形，顶端圆，成熟假种皮粉绿色，有白粉；种托肉质，紫红色至紫黑色。

产地生境：分布于我国安徽、福建、广东、广西、贵州、湖北、湖南、江苏、江西、四川、台湾、香港、云南、浙江、重庆。生于海拔 1 000 m 以下阔叶林中或海岛崖壁上。

功用价值：罗汉松的树形优美，宜孤植作为庭荫树、独赏树，也可对植或散植于厅堂之前。可在丘陵、山地作为风景林配置，也适宜作为海岸防护林。材质优良，可制作家具、文具、农具等。

致危因素：过度采挖。

短叶罗汉松 *Podocarpus chinensis* Wall. ex J. Forbes

别名：短叶土杉、小罗汉松

科属：罗汉松科（Podocarpaceae）、罗汉松属（*Podocarpus*）

物种保护：国家Ⅱ级

CITES（2023）	IUCN（2025-1）	极小种群	中国生物多样性红色名录—高等植物卷（2020）	中国珍稀濒危植物图鉴	中国珍稀濒危植物信息系统"受威胁物种信息"
	NT		DD		

形态特征：常绿小乔木，枝条斜展。树皮灰色或灰褐色，浅纵裂，薄片状脱落。叶条状披针形，先端钝圆，长 2.5 ～ 7 cm，宽 3 ～ 7 mm，上面深绿色，下面灰绿色，中脉隆起。雄球花穗状，腋生，常 2 ～ 3 个簇生于极短的总梗上，基部有数枚三角形苞片；雌球花单生叶腋，有梗，基部有少数苞片。种子卵圆形，成熟时假种皮为粉绿色；种托肉质，呈紫红色至紫黑色。

产地生境：分布于安徽、澳门、福建、广西、贵州、海南、湖北、湖南、江苏、江西、陕西、四川、云南。生长于海拔 1 000 m 以下林中。

功用价值：短叶罗汉松树形优美，可作为庭院树栽培，也是树木盆景的常用桩材。

致危因素：生境退化、森林砍伐。

小叶罗汉松 *Podocarpus pilgeri* Foxw.

别名： 珍珠罗汉松、小叶竹柏松、皮氏罗汉松

科属： 罗汉松科（Podocarpaceae）、罗汉松属（*Podocarpus*）

物种保护： 国家Ⅱ级

CITES（2023）	IUCN（2025-1）	极小种群	中国生物多样性红色名录——高等植物卷（2020）	中国珍稀濒危植物图鉴	中国珍稀濒危植物信息系统"受威胁物种信息"
	LC		VU		EN 中国特有

形态特征： 常绿乔木，树皮不规则纵裂。节间短，枝条密生，小枝无毛，有棱状隆起的叶枕。叶常密生于枝的上部，叶片革质或薄革质，狭椭圆形、狭长圆形或披针状椭圆形，中脉两面隆起，叶缘微向下反卷，叶基渐狭，叶先端微尖或钝，叶柄极短；幼树或萌芽枝叶先端钝，有凸起的小尖头。雌雄异株，雄球花穗状，单生或2～3个簇生于叶腋，花药卵球形，几乎无花丝；雌球花单生叶腋，具短梗。种子椭球形或卵球形，先端钝圆、有凸起的小尖头；种托肉质，圆柱形，成熟时呈紫黑色或紫红色。

产地生境： 分布于云南、广西、广东、海南。生于海拔较高的山地，常分布于常绿阔叶林中或高山矮林中。

功用价值： 小叶罗汉松萌发力强，四季常青，是我国名贵园林树种，可用于城市公园、住宅小区绿化。木材可用于制作家具、农具等。

致危因素： 生境退化或丧失、过度砍伐。

兰屿罗汉松 *Podocarpus costalis* C. Presl

科属： 罗汉松科（Podocarpaceae）、罗汉松属（*Podocarpus*）

物种保护： 国家Ⅱ级

CITES（2023）	IUCN（2025-1）	极小种群	中国生物多样性红色名录—高等植物卷（2020）	中国珍稀濒危植物图鉴	中国珍稀濒危植物信息系统"受威胁物种信息"
	EN		CR		CR

形态特征： 常绿小乔木或灌木，树皮红褐色，条状纵裂。枝条平展，小枝绿色。叶螺旋状集生于枝顶，叶片革质，倒披针形或条状倒披针形，上部微窄，先端圆钝，基部渐窄成短柄，背面中脉隆起，叶缘稍反卷。雄球花单生，穗状圆柱形，无柄。种子椭球形，假种皮深蓝色，顶端圆，具小尖头，种托肉质，圆柱形，基部有2枚苞片，梗长为1 cm。花期4～5月，种子8～9月成熟。

产地生境： 产于台湾，菲律宾也有分布。生于接近海平面的海岸边，喜高温、湿润和阳光充足的环境；耐盐性好、抗风能力强，但耐旱性、耐寒性较差。

功用价值： 兰屿罗汉松抗风、耐盐，对海滨环境适应性强，可用于海岸线绿化。树形紧凑，枝叶清秀，四季常绿，是珍贵的园林树种，可用于城市公园、住宅小区绿化。枝条柔韧、节间密、萌发力强、树形苍劲古朴，是制作盆景的理想素材。

致危因素： 分布区狭窄，种群数量小；过度采挖。

百日青 *Podocarpus neriifolius* D. Don

别名： 大叶竹柏松、竹柏松、桃柏松、脉叶罗汉松、竹叶松

科属： 罗汉松科（Podocarpaceae）、罗汉松属（*Podocarpus*）

物种保护： 国家Ⅱ级

CITES（2023）	IUCN（2025-1）	极小种群	中国生物多样性红色名录—高等植物卷（2020）	中国珍稀濒危植物图鉴	中国珍稀濒危植物信息系统"受威胁物种信息"
Ⅲ级（尼泊尔）	LC		VU		VU

形态特征： 常绿乔木，高达 25 m。树皮灰褐色，浅纵裂。叶片革质，长披针形，常微弯，长 7 ～ 16 cm，宽 0.9 ～ 1.4 cm，上部较窄，顶端具长尖头，基部渐狭，楔形，具短柄，叶面中脉隆起，背面微隆起或近平。雄球花穗状，单生或 2 ～ 3 个簇生。种子卵球形，成熟时假种皮绿色，种托肉质，呈鲜红色、紫红色或紫黑色。

产地生境： 分布于福建、广东、广西、贵州、海南、湖南、江西、四川、浙江、重庆。生于海拔 400 ～ 1 000 m 的山地中，与阔叶树混生成林。

功用价值： 百日青的树形高大，树姿优美，宜作为园景树孤植，也可对植或散植，或营造为风景林。材质优良，可用于家具、文具、乐器及工艺品等制作。种仁出油率高达 30%，可供制皂等工业用。枝、叶、根均可入药。

致危因素： 过度砍伐。

（九）红豆杉科

穗花杉 *Amentotaxus argotaenia*（Hance）Pilg.

别名：华西穗花杉

科属：红豆杉科（Taxaceae）、穗花杉属（*Amentotaxus*）

物种保护：国家Ⅱ级

CITES（2023）	IUCN（2025-1）	极小种群	中国生物多样性红色名录——高等植物卷（2020）	中国珍稀濒危植物图鉴	中国珍稀濒危植物信息系统"受威胁物种信息"
	NT		LC		

形态特征：常绿灌木或小乔木；树皮灰褐色或淡红褐色，裂成片状脱落。小枝斜展或向上伸展，圆形或近方形，一年生枝条绿色，二、三年生枝条绿黄色、黄色或淡黄红色。叶基部扭转排列成两列，条状披针形，稍作"S"形弯，长3～11 cm，宽6～11 mm，先端尖或钝，基部渐狭成楔形或宽楔形，具短柄，叶缘微反卷，下面白色气孔带与绿色边带等宽或较窄。雄球花具（1）2～4穗，雄蕊有2～3（5）个花药。种子椭球形，假种皮肉质，成熟时鲜红色，长2～2.5 cm，径约1.3 cm，顶端有小尖头露出，基部宿存苞片的背部有纵脊，种梗长约1.3 cm，扁四棱形。花期4月，种子10月成熟。

产地生境：分布于我国甘肃、江苏、江西、浙江（龙泉）、湖南、湖北、四川、贵州、西藏、福建、台湾、广东、广西、重庆。阴性树种，喜温凉潮湿，雨量充沛的气候，生于海拔300～1 100 m的阴湿沟谷或常绿阔叶林下。

功用价值：穗花杉材质细密，可供雕刻、农具制作及细木加工等。根、树皮、种子均可入药。起源古老，形态、结构和发育特异，对研究古地质、古地理、植物区系及植物分类等方面具有重要的意义。叶常绿，上面深绿色，下面有明显的白色气孔带，种子成熟时假种皮为红色，下垂，极美观，可作为庭园树。

致危因素：穗花杉自然繁殖力低，森林砍伐与过度利用，导致生境退化、种群数量小。

云南穗花杉 *Amentotaxus yunnanensis* H. L. Li

科属： 红豆杉科（Taxaceae）、穗花杉属（*Amentotaxus*）

物种保护： 国家Ⅱ级

CITES（2023）	IUCN（2025–1）	极小种群	中国生物多样性红色名录——高等植物卷（2020）	中国珍稀濒危植物图鉴	中国珍稀濒危植物信息系统"受威胁物种信息"
	VU		VU	收录	VU

形态特征： 常绿乔木。大枝开展，树冠广卵形；小枝对生，向上伸展，微具棱脊，无宿存芽鳞，冬芽四棱状卵圆形。叶交互对生，二列，条形、椭圆形或条状披针形，通常直，稀上部微弯，长 3.5～10（15）cm，宽 8～15 cm，先端钝或渐尖，基部宽楔形或近似圆形，几乎无柄，叶缘微反卷，上面中脉显著隆起，下面中脉近平或微隆起；两侧的气孔带干后呈淡褐色或淡黄白色，宽 3～4 mm，常较绿色边带宽；萌生枝及幼树的叶的气孔带较窄。雄球花对生，多排列成穗状，常 4～6 穗近顶生，雄蕊 4～8（多为 6～7）个花药。种子单生，下垂，椭球形，成熟时假种皮红紫色，微被白粉，顶端有小尖头露出，基部苞片宿存，背有棱脊，梗较粗，下部扁平，上部扁四棱形。花期 4 月，种子 12 月至次年 2 月成熟。

产地生境： 分布于贵州、云南。散生于海拔 900～1 850 m（2 100 m）的石灰岩山地，或组成小片纯林生长在排水良好的棕色石灰岩土壤。云南穗花杉喜阴湿环境，生长区受季风影响，干湿季分明、雾多、湿度大。

功用价值： 云南穗花杉对研究红豆杉科植物的系统演化、区系地理等方面具有重要的研究价值，在植物化学方面也有研究与开发价值。木材纹理均匀，结构细致，可用于建筑、家具、农具制作及雕刻用材。植株高大，树姿优美，叶面深绿色，叶背绿白相间，雄球花为乳黄色，种子假种皮呈红紫色，对比强烈，色彩鲜艳，有较高的观赏价值。

致危因素： 森林毁坏，生境恶化，天然更新困难。

海南粗榧 *Cephalotaxus hainanensis* H. L. Li

科属：红豆杉科（Taxaceae）、三尖杉属（*Cephalotaxus*）

物种保护：国家Ⅱ级

CITES（2023）	IUCN（2025-1）	极小种群	中国生物多样性红色名录—高等植物卷（2020）	中国珍稀濒危植物图鉴	中国珍稀濒危植物信息系统"受威胁物种信息"
	EN		EN		

形态特征：常绿乔木，树皮片状脱落。叶片条形，质地较薄，直或微呈镰状，先端微急尖、急尖或近渐尖，基部为圆截形，下面中脉隆起，中脉两侧气孔带上被白粉。雄球花序头状，花序梗长 4 ～ 7 mm。种子椭圆形或倒卵状椭圆形，常微扁，顶端中央有一小凸尖。成熟前假种皮绿色，成熟后常呈红色。

产地生境：分布于云南、西藏、广东、广西、海南。各地方种群间断分布于海拔 1 700 m 以下至沿海低地的季风阔叶林。

功用价值：海南粗榧是三尖杉属中唯一分布于西达西藏、南至海南，渗入热带雨林的树种，在植物区系及演化理论方面具有重要的价值。树干高大、材质优良，含有多种可用于治疗癌症的生物碱，经济价值高。

致危因素：毁林开荒破坏生存环境，盗伐。

篦子三尖杉 *Cephalotaxus oliveri* Mast.

别名： 阿里杉、梳叶圆头杉、花枝杉

科属： 红豆杉科（Taxaceae）、三尖杉属（*Cephalotaxus*）

物种保护： 国家Ⅱ级

CITES（2023）	IUCN（2025-1）	极小种群	中国生物多样性红色名录—高等植物卷（2020）	中国珍稀濒危植物图鉴	中国珍稀濒危植物信息系统"受威胁物种信息"
	VU		VU 中国特有	收录	VU 中国特有

形态特征： 常绿灌木。叶片条形，螺旋着生，排列成二列，极紧密，质硬，通常中部以上向上微弯，先端凸尖或微凸尖，基部为截形或心状截形，近无柄，下延部分之间有明显沟纹，上面微凸，中脉微明显或仅中下部明显，下面有两条白色气孔带，较绿色边宽。雄球花6～7聚生成头状花序。种子倒卵圆形或卵圆形，顶端中央有小尖头。

产地生境： 分布于江西、湖南、湖北、四川、重庆、贵州、云南、广东、广西。大都散生于温凉湿润的黄壤山地，常与青冈类、木荷、栲类、枫香、栎类、水青冈伴生。

功用价值： 篦子三尖杉是第三纪孑遗植物，对研究古植物区系和三尖杉属植物系统分类具有重要的价值。可提取多种生物碱，对白血病、淋巴肉瘤有一定的疗效。

致危因素： 雌雄异株，一般结实少，生长慢，过度砍伐，生境恶化。

红豆杉 *Taxus wallichiana* var. *chinensis*（Pilger）Florin

别名： 观音杉、红豆树

科属： 红豆杉科（Taxaceae）、红豆杉属（*Taxus*）

物种保护： 国家Ⅰ级

CITES（2023）	IUCN（2025-1）	极小种群	中国生物多样性红色名录——高等植物卷（2020）	中国珍稀濒危植物图鉴	中国珍稀濒危植物信息系统"受威胁物种信息"
Ⅱ级	EN		VU	收录	VU

形态特征： 常绿乔木。树皮薄，暗红褐色、紫褐色或灰褐色，裂成条状或不规则片状脱落。叶螺旋状着生，基部多扭转排列成二列；叶片条形，直或微弯，叶缘常平行，上部微窄，先端微急尖或急尖，深绿色，有光泽；叶片下面为黄绿色，有两条黄绿色气孔带。假种皮成熟时呈杯状，肉质，红色或橘色。种子卵圆形，先端有突起的短尖头，褐色。

产地生境： 分布于陕西、甘肃、安徽、浙江（龙泉）、湖南、湖北、四川、贵州、云南、福建、广西、重庆。多零星散生于沟谷或村庄周围的针叶林、常绿阔叶林、针阔叶混交林中。

功用价值： 红豆杉属植物是第三纪孑遗植物，对研究植物区系与红豆杉科系统发育有科学价值。树形高大、枝叶繁茂、材质优良，是珍贵的观赏树种和用材树种。全株含有紫杉醇，具有很强的抗癌活性和其他药用价值。

致危因素： 生长缓慢，自然更新困难。人类对树皮、枝叶的掠夺型采集利用。

东北红豆杉 *Taxus cuspidata* Siebold et Zucc.

别名：宽叶紫杉、米树、赤柏松、紫杉

科属：红豆杉科（Taxaceae）、红豆杉属（*Taxus*）

物种保护：国家Ⅰ级

CITES（2023）	IUCN（2025-1）	极小种群	中国生物多样性红色名录—高等植物卷（2020）	中国珍稀濒危植物图鉴	中国珍稀濒危植物信息系统"受威胁物种信息"
Ⅱ级	LC	是	LC	收录	EN

形态特征：常绿乔木，分枝较低。树皮薄，有浅裂纹。小枝基部有宿存芽鳞，一年生枝条绿色，秋后呈淡红褐色，二至三年生枝条红褐色或黄褐色。叶片排成不规则的二列，条形，通常直，稀微弯，有短柄，先端通常凸尖，上面深绿色，有光泽，下面有两条灰绿色气孔带，气孔带较绿色边带宽两倍，中脉带上无角质乳头状突起点。种子紫红色，有光泽，卵圆形。

产地生境：分布于黑龙江、吉林、辽宁、陕西等地区；耐阴树种，喜生长于气候冷湿的山地阴坡。

功用价值：东北红豆杉是第三纪孑遗植物，也是东北地区现存的红豆杉科唯一种类，对研究植物区系与红豆杉科系统发育有科学价值。树皮和枝叶是提取抗癌药物紫杉醇的主要原料。

致危因素：种群呈零散分布，种群数量较少，自然更新能力较弱。长期过度利用。

南方红豆杉 *Taxus wallichiana* var. *mairei* L. K. Fu & Nan Li

别名： 血柏、红叶水杉、海罗松、榧子木、赤椎、杉公子、美丽红豆杉、蜜柏

科属： 红豆杉科（Taxaceae）、红豆杉属（*Taxus*）

物种保护： 国家Ⅰ级

CITES（2023）	IUCN（2025-1）	极小种群	中国生物多样性红色名录——高等植物卷（2020）	中国珍稀濒危植物图鉴	中国珍稀濒危植物信息系统"受威胁物种信息"
Ⅱ级	EN		NT	收录	VU

形态特征： 常绿乔木。树皮红褐色或灰褐色，浅纵裂。叶片常呈镰形，或"S"形弯，排成较整齐的两列；先端渐尖，背面中脉明显，淡绿色或绿色，气孔带黄绿色，绿色边带较宽而明显。种子生于鲜红色肉质杯状假种皮中，微扁，倒卵圆形或椭圆状卵形，两侧具钝种脊。

产地生境： 分布于我国安徽、福建、甘肃、广东、广西、贵州、河南、湖北、湖南、陕西、四川、台湾、云南、浙江、重庆。多散生或成片地生长于阴湿沟谷、山坡林缘。

功用价值： 南方红豆杉是第三纪孑遗植物，对研究植物区系与红豆杉科系统发育有科学价值。枝叶青翠，假种皮红艳秀丽，观赏价值高。树皮和枝叶中含抗癌物质紫杉醇，药用价值较高。

致危因素： 盗伐、生境退化，幼苗生长特别缓慢，种群恢复十分困难。

榧树 *Torreya grandis* Fortune ex Lindl.

别名：香榧、小果榧、凹叶榧、小果榧树、钝叶榧树、药榧、野杉

科属：红豆杉科（Taxaceae）、榧属（*Torreya*）

物种保护：国家Ⅱ级

CITES（2023）	IUCN（2025-1）	极小种群	中国生物多样性红色名录—高等植物卷（2020）	中国珍稀濒危植物图鉴	中国珍稀濒危植物信息系统"受威胁物种信息"
	LC		LC 中国特有	收录	

形态特征：常绿乔木。树皮浅黄灰色、深灰色或灰褐色，不规则纵裂；一年生枝条绿色，无毛，二至三年生枝条黄绿色至淡褐色。叶片条形，交叉对生，基部扭转成两列，先端凸尖，上面光绿色，无隆起的中脉，下面淡绿色，气孔带常与中脉带等宽，绿色边带与气孔带等宽或稍宽。雄球花圆柱状，单生叶腋。种子椭圆形、卵圆形、倒卵圆形或长椭圆形。

产地生境：分布于安徽、江苏、江西、浙江、湖南、贵州、福建、重庆。多生长于低山丘陵、开阔谷地及溪流岸边，常形成小块天然林，或散生于路边溪畔。

功用价值：榧树是我国特有的珍贵树种，种子为著名的干果"香榧"，浙江诸暨"枫桥香榧"闻名遐迩。材质优良，富有香气，为珍贵用材树种。

致危因素：长期不当利用。

长叶榧 *Torreya jackii* Chun

别名： 浙榧、长叶榧树

科属： 红豆杉科（Taxaceae）、榧属（*Torreya*）

物种保护： 国家Ⅱ级

CITES（2023）	IUCN（2025-1）	极小种群	中国生物多样性红色名录—高等植物卷（2020）	中国珍稀濒危植物图鉴	中国珍稀濒危植物信息系统"受威胁物种信息"
	EN		VU 中国特有	收录	VU 中国特有

形态特征： 常绿乔木或灌木状。树皮灰色或深灰色，裂成不规则的薄片脱落，露出淡褐色的内皮；一年生枝条绿色，二至三年生枝条红褐色，有光泽。叶条状披针形，质硬，上部多向上方微弯，呈镰状，先端有渐尖的刺状尖头，基部楔形，有短柄，上面绿色，有两条浅槽及不明显的中脉，下面为淡黄绿色，中脉微隆起，气孔带灰白色。种子倒卵圆形，肉质假种皮被白粉。

产地生境： 产于江西、浙江、福建，浙江龙门山与括苍山是长叶榧的现代分布中心。多生长于基岩裸露的陡坡、狭谷及溪流岸边。

功用价值： 长叶榧是我国特有的第三纪子遗植物，对研究裸子植物的区系演化等具有一定的学术价值。木材坚实，有檀香味，可提取榧树油。因多分布于环境恶劣地带，对水土保持、涵养水源具有重要的意义。

致危因素： 分布区狭小，生境恶劣，人为干扰强度大。

（十）肉豆蔻科

滇南风吹楠 *Horsfieldia tetratepala* C. Y. Wu

科属： 肉豆蔻科（Myristicaceae）、风吹楠属（*Horsfieldia*）

物种保护： 国家Ⅱ级

CITES（2023）	IUCN（2025–1）	极小种群	中国生物多样性红色名录——高等植物卷（2020）	中国珍稀濒危植物图鉴	中国珍稀濒危植物信息系统"受威胁物种信息"
			VU	收录	

形态特征： 常绿乔木。小枝髓中空，疏生小皮孔。叶倒卵形或长圆状倒披针形，先端尖，有时钝，基部宽楔形，上面中脉凹下，侧脉 14 ～ 18 对，近边缘分叉网结，几乎不明显；叶柄具沟槽。花单性异株；雌花序多分枝，花近球形，花被片 2 ～ 3 枚，宿存。果长圆形，基部宿存肥厚盘状花被片，果皮厚，平滑。假种皮薄，包被种子。种子长圆状卵圆形，顶端微尖。

产地生境： 分布于云南、广西。生于海拔 300 ～ 700 m 的潮湿河谷，热带季节性雨林的中上层树木。

功用价值： 滇南风吹楠是中国特有物种，也是季节雨林的重要树种，有区系地理与生态研究价值。种子油有特殊用途。

致危因素： 分布面积狭小、分散，对生境要求高。

（十一）木兰科

长蕊木兰 *Alcimandra cathcartii*（Hook.f. et Thomson）Dandy

科属：木兰科（Magnoliaceae）、长蕊木兰属（*Alcimandra*）

物种保护：国家Ⅱ级

CITES（2023）	IUCN（2025-1）	极小种群	中国生物多样性红色名录—高等植物卷（2020）	中国珍稀濒危植物图鉴	中国珍稀濒危植物信息系统"受威胁物种信息"
	LC	是	VU		VU

形态特征：常绿乔木。嫩枝被柔毛；顶芽长锥形，被覆着白色长毛。幼叶在芽内对折，叶片革质，卵形或椭圆状卵形，先端渐尖或尾状渐尖，基部圆或阔楔形，上面有光泽，侧脉纤细，末端与密致的网脉网结而不明显；叶柄长 1.5 ～ 2 cm，无托叶痕。佛焰苞状苞片绿色；花被片 9 枚，3 轮，白色，有透明油点；雄蕊多数，内向纵裂；雌蕊群窄圆柱形，心皮约 30，离生。聚合果革质，蓇葖扁球形，有白色皮孔。

产地生境：分布于云南、西藏，不丹、印度、缅甸、越南也有分布。生于海拔 1 800 ～ 2 700 m 的山地林中，常与壳斗科、樟科植物混交成林。

功用价值：长蕊木兰为木兰科的单种属植物，对研究植物区系及木兰科分类系统有一定的学术价值。树干通直，材质优良。花洁白芳香，可作城乡园林观赏栽培。

致危因素：生境退化或丧失、过度采挖、天然更新能力弱。

鹅掌楸 *Liriodendron chinense*（Hemsl.）Sarg.

别名： 马褂木

科属： 木兰科（Magnoliaceae）、鹅掌楸属（*Liriodendron*）

物种保护： 国家Ⅱ级

CITES（2023）	IUCN（2025-1）	极小种群	中国生物多样性红色名录—高等植物卷（2020）	中国珍稀濒危植物图鉴	中国珍稀濒危植物信息系统"受威胁物种信息"
	NT		LC	收录	

形态特征： 落叶乔木，小枝灰色或灰褐色，有环状托叶痕。叶片形似马褂，背面苍白色，近基部每边具一侧裂片，基部截形至浅心形，先端截形，常具2浅裂。花两性，单生枝顶；花被片9枚，外轮3枚绿色，萼片状，向外弯垂；内2轮6枚，直立，花瓣状，绿色，具黄色纵条纹；雄蕊、心皮多数，覆瓦状排列于花托上。聚合果纺锤形，小坚果具翅。

产地生境： 分布于陕西、安徽、浙江、江西、湖南、湖北、四川、重庆、贵州、云南、福建、广西。适生于海拔900～1000 m的山地林间。

功用价值： 鹅掌楸是第四纪冰川运动后的孑遗植物。形态魁伟，叶形奇特，为优美的庭荫树和行道树。

致危因素： 过度采挖，自然种群难以更新。

厚朴 *Houpoea officinalis*（Rehder et E. H. Wilson）N. H. Xia et C. Y. Wu

别名： 紫油厚朴

科属： 木兰科（Magnoliaceae）、厚朴属（*Houpoea*）

物种保护： 国家Ⅱ级

CITES（2023）	IUCN（2025-1）	极小种群	中国生物多样性红色名录—高等植物卷（2020）	中国珍稀濒危植物图鉴	中国珍稀濒危植物信息系统"受威胁物种信息"
	EN		LC	收录	

形态特征： 落叶乔木，树皮褐色，不开裂；小枝粗壮，淡黄色。叶片大，近革质，7～9片聚生于枝端，长圆状倒卵形，全缘或微波状，先端具短急尖或圆钝，基部楔形；幼叶背面具白色长柔毛，托叶痕约占叶柄的2/3。花白色，芳香；花被片9～12枚，厚肉质，外轮3片背面淡绿色，腹面浅粉红色，盛开时常向外反卷，内两轮白色，盛开时直立；雄蕊花丝为红色；雌蕊群椭圆状卵圆形。聚合果长圆状卵圆形，蓇葖具短喙。

产地生境： 分布于河南、陕西、甘肃、安徽、浙江、江西、湖南、湖北、四川、贵州、福建、广东、广西。适生于海拔300～1 500 m、温凉湿润而多雾的山地林间。

功用价值： 厚朴树皮、根皮、花、种子、芽均可入药，是我国特有的珍贵中药材。叶大荫浓、花形硕大，是优良的园林树种。

致危因素： 滥采滥伐、生境退化，自然种群难以更新。

馨香玉兰 *Lirianthe odoratissima*（Y. W. Law & R. Z. Zhou）N. H. Xia et C. Y. Wu

　　别名：馨香木兰

　　科属：木兰科（Magnoliaceae）、长喙木兰属（*Lirianthe*）

　　物种保护：国家Ⅱ级

CITES（2023）	IUCN（2025-1）	极小种群	中国生物多样性红色名录——高等植物卷（2020）	中国珍稀濒危植物图鉴	中国珍稀濒危植物信息系统"受威胁物种信息"
	EN		EN 中国特有	收录	CR 中国特有

　　形态特征：常绿乔木，嫩枝密被白色平伏长毛；小枝条淡灰褐色。叶革质，卵状椭圆形、椭圆形或长圆状椭圆形，先端渐尖或短急尖，基部为楔形或阔楔形，叶背具弯曲毛；托叶与叶柄连生，托叶痕几达叶柄全长。花直立，乳白色，极芳香；花被片 9 枚，凹弯，肉质。聚合果为圆柱形或柱状卵圆形。

　　产地生境：分布于云南；通常生长于石灰岩山地常绿阔叶林中。

　　功用价值：馨香玉兰花香袭人，是园林绿化的优良树种。花、叶均是提取芳香精油的优良原料，广泛应用于多种香料工业。

　　致危因素：乱砍滥伐、种群过小。

大叶木莲 *Manglietia dandyi*（Gagnep.）Dandy

别名：丹氏木莲、大毛叶木莲、绿豆树

科属：木兰科（Magnoliaceae）、木莲属（*Manglietia*）

物种保护：国家Ⅱ级

CITES（2023）	IUCN（2025-1）	极小种群	中国生物多样性红色名录—高等植物卷（2020）	中国珍稀濒危植物图鉴	中国珍稀濒危植物信息系统"受威胁物种信息"
	LC		EN	收录	EN

形态特征：常绿乔木，芽、嫩枝、叶背、叶柄、托叶、花柄、果柄及苞片均密被黄褐色长茸毛。叶常集生于枝端，革质，呈倒卵形，先端短尖，2/3 以下渐狭，基部楔形；托叶痕长为叶柄的 1/3 ～ 2/3。花梗粗壮，花被片厚肉质，9 ～ 10 片，3 轮，外轮 3 片淡绿色，内面 2 轮白色；雄蕊群鲜红色，被长柔毛；雌蕊群卵圆形，无毛。聚合果卵球形或长圆状卵圆形，蓇葖顶端尖，稍向外弯。

产地生境：分布于广西、云南、贵州。常生长于海拔 450 ～ 1 500 m 的山地常绿阔叶林中。

功用价值：大叶木莲的材质轻软、纹理细致，常作建筑、家具、胶合板用材。树体高大、花洁白而芳香，为优良的观赏树种。

致危因素：种群过小，生境破坏、过度采挖。

毛果木莲 *Manglietia ventii* N. V. Tiep

科属：木兰科（Magnoliaceae）、木莲属（*Manglietia*）

物种保护：国家Ⅱ级

CITES（2023）	IUCN（2025–1）	极小种群	中国生物多样性红色名录——高等植物卷（2020）	中国珍稀濒危植物图鉴	中国珍稀濒危植物信息系统"受威胁物种信息"
	EN		EN	收录	EN

形态特征：常绿乔木，芽、嫩枝、叶背、叶柄及苞片均密被淡黄色平伏柔毛。叶革质，呈椭圆形，先端短渐尖，基部楔形，托叶痕长为叶柄的 1/5 ～ 1/3。花梗粗壮；花被片 9 枚，肉质，白色，基部具爪。聚合果倒卵状球形或长圆状卵圆形，具黄色长柔毛；蓇葖呈狭椭圆体形，顶端具喙。种子横椭圆形。

产地生境：中国特有种，分布于云南。生于海拔 800 ～ 1 120 m 的常绿阔叶林中。

功用价值：毛果木莲花形大而纯白，芬芳美丽，是优良的庭院观赏树种。可用来制作家具或作为建筑用材。

致危因素：生境退化或丧失、采伐过度。

峨眉含笑 *Michelia wilsonii* Finet et Gagnep.

别名：威氏黄心树、峨眉白兰

科属：木兰科（Magnoliaceae）、含笑属（*Michelia*）

物种保护：国家Ⅱ级

CITES（2023）	IUCN（2025−1）	极小种群	中国生物多样性红色名录—高等植物卷（2020）	中国珍稀濒危植物图鉴	中国珍稀濒危植物信息系统"受威胁物种信息"
	DD		VU 中国特有	收录	VU 中国特有

形态特征：常绿乔木，嫩枝绿色，被淡褐色平伏毛。叶革质，倒卵形、狭倒卵形或倒披针形，先端短尖或短渐尖，基部楔形或阔楔形，有光泽，下面灰白色，疏被平伏短毛；叶柄托叶痕长 2～4 mm。花黄色，芳香，单生叶腋；花被片 9～12 枚，倒卵形或倒披针形，内轮的较狭小；花丝绿色；雌蕊群圆柱形。聚合果穗状；成熟蓇葖呈紫褐色，具灰黄色皮孔，顶端具弯曲短喙。

产地生境：分布于湖北、四川、重庆。生于海拔 600～2 000 m 的山区林中。

功用价值：峨眉含笑的树形高大，花香而美丽，可作为园林绿化树种。

致危因素：种群较小、种子寿命短、易腐烂。

华盖木 *Pachylarnax sinica*（Y. W. Law）N. H. Xia et C. Y. Wu

别名： 缎子绿豆树

科属： 木兰科（Magnoliaceae）、厚壁木属（*Pachylarnax*）

物种保护： 国家Ⅰ级

CITES（2023）	IUCN（2025-1）	极小种群	中国生物多样性红色名录—高等植物卷（2020）	中国珍稀濒危植物图鉴	中国珍稀濒危植物信息系统"受威胁物种信息"
	CR		CR 中国特有	收录	CR 中国特有

形态特征： 常绿大乔木，全株无毛，树皮灰白色。小枝深绿色，老枝暗褐色。叶革质，窄倒卵形或窄倒卵状椭圆形，先端钝圆，基部窄楔形，两面中脉凸起；托叶与叶柄离生，无托叶痕。花单生枝顶。花被片9枚，3轮，外轮最大，背面深红色，内2轮白色；雄蕊药室向内开裂；雌蕊群长卵圆形。聚合果倒卵圆形或椭圆形，蓇葖厚木质，具粗皮孔。

产地生境： 分布于云南西畴县。散生于海拔1 300～1 500 m的山坡和谷地季风常绿阔叶林中。

功用价值： 华盖木是一个狭域分布的孑遗植物，也是我国特有的单型属植物，对研究世界被子植物起源、木兰科系统演化和区系地理等均具有重要的意义。树大荫浓、花朵芬芳，是优良的园林观赏树种。树干通直、材质细致、耐腐抗虫，是珍贵的用材树种。

致危因素： 生境退化或丧失、成熟种子数量很少，天然更新能力很低。

云南拟单性木兰 *Parakmeria yunnanensis* Hu

别名： 黑心绿豆、云南拟克林丽木

科属： 木兰科（Magnoliaceae）、拟单性木兰属（*Parakmeria*）

物种保护： 国家Ⅱ级

CITES（2023）	IUCN（2025-1）	极小种群	中国生物多样性红色名录—高等植物卷（2020）	中国珍稀濒危植物图鉴	中国珍稀濒危植物信息系统"受威胁物种信息"
	DD		VU	收录	VU

形态特征： 常绿大乔木，全株无毛，树皮灰白色，小枝节间短，呈竹节状，光滑不裂。叶片薄革质，卵状长圆形或卵状椭圆形，先端短渐尖或渐尖，基部宽楔形或近圆形，上面绿色，下面淡绿色；嫩叶紫红色，叶脉两面凸起。雄花与两性花异株，单生枝顶，芳香；雄花花被片12枚，4轮，外轮红色，内3轮白色；两性花花被片与雄花同，雄蕊极少；雌蕊群卵圆形，绿色。聚合果长圆状卵圆形；蓇葖菱形，背缝开裂。种子扁，外种皮红色。

产地生境： 分布于云南、西藏、广西。生于海拔1 200～1 500 m的山谷密林中。

功用价值： 云南拟单性木兰的材质细致、耐腐，是珍贵的用材树种。树形高大，叶片浓密，花有芳香，是优良的园林观赏树种。

致危因素： 生境破坏、分布区狭小，自然更新困难。

宝华玉兰 *Yulania zenii*（W. C. Cheng）D. L. Fu

科属： 木兰科（Magnoliaceae）、玉兰属（*Yulania*）

物种保护： 国家Ⅱ级

CITES（2023）	IUCN（2025-1）	极小种群	中国生物多样性红色名录—高等植物卷（2020）	中国珍稀濒危植物图鉴	中国珍稀濒危植物信息系统"受威胁物种信息"
	CR		CR 中国特有	收录	CR 中国特有

形态特征： 落叶乔木，树皮灰白色。嫩枝绿色，老枝紫色，疏生皮孔；芽窄卵圆形，被长绢毛。叶片倒卵状长圆形或长圆形，先端宽圆具短突尖，基部宽楔形或圆钝，下面中脉及侧脉被长弯毛；叶柄初被长柔毛，托叶痕长为叶柄长的 1/5～1/2。先叶开花，芳香；花梗密被长柔毛；花被片 9 枚，近匙形，先端圆或稍尖；雄蕊花丝紫色；雌蕊群圆柱形。聚合果圆柱形；蓇葖近球形，被疣点状凸起，顶端钝圆。

产地生境： 分布于江苏句容宝华山。生于海拔 220 m 的丘陵地带。

功用价值： 宝华玉兰花形大、芬芳美丽，为优良的园林观赏树种。

致危因素： 生境退化或丧失、过度采挖、种群过小。

（十二）蜡梅科

夏蜡梅 *Calycanthus chinensis* W. C. Cheng & S. Y. Chang

别名：蜡木、大叶柴、牡丹木、夏梅

科属：蜡梅科（Calycanthaceae）、夏蜡梅属（*Calycanthus*）

物种保护：国家Ⅱ级

CITES（2023）	IUCN（2025-1）	极小种群	中国生物多样性红色名录—高等植物卷（2020）	中国珍稀濒危植物图鉴	中国珍稀濒危植物信息系统"受威胁物种信息"
			LC 中国特有		EN 中国特有

形态特征：落叶灌木，高 1 ～ 3 m。树皮灰白色或灰褐色，皮孔凸起。芽藏于叶柄基部之内。叶宽卵状椭圆形、卵圆形或倒卵形，基部两侧略不对称，叶缘全缘或有不规则的细齿，叶面有光泽，略粗糙，无毛，叶背幼时沿脉上被褐色硬毛，老渐无毛；叶柄被黄色硬毛，后变无毛。花被片呈螺旋状着生于杯状或坛状的花托上；雄花药密被短柔毛；心皮11 ～ 12 枚，着生于杯状或坛状的花托之内，被绢毛，花柱丝状伸长。果托钟状或近顶口紧缩，密被柔毛。

产地生境：分布于浙江临安、天台。生于海拔 600 ～ 1 000 m 的山地沟边林荫下。

功用价值：夏蜡梅的花蕾、花、根、叶均可入药。花开于夏季少花时节，色彩淡雅宜人，适用于在半阴的林缘、屋角配植。

致危因素：生境退化或丧失。

（十三）樟科

油樟 *Camphora longepaniculata*（Gamble）Y. Yang，Bing Liu et Zhi Yang

别名：芳樟

科属：樟科（Lauraceae）、樟属（*Camphora*）

物种保护：国家Ⅱ级

CITES（2023）	IUCN（2025-1）	极小种群	中国生物多样性红色名录——高等植物卷（2020）	中国珍稀濒危植物图鉴	中国珍稀濒危植物信息系统"受威胁物种信息"
			NT 中国特有	收录	

形态特征：常绿乔木，树皮灰色，光滑，芽大，外面密被灰白微柔毛。叶互生，卵形或椭圆形，先端骤然短渐尖至长渐尖，常呈镰形，薄革质，两面无毛，羽状脉，最下一对侧脉有时对生，因而呈离基三出脉状，中脉与侧脉两面凸起，侧脉均向叶缘处消失。圆锥花序腋生，花淡黄色，有香气。幼果球形，绿色，熟时紫黑色。花期5～6月，果期7～9月。

产地生境：分布于四川、陕西、甘肃。常生长于海拔600～2 000 m的常绿阔叶林中。

功用价值：油樟的树干及枝叶均含芳香油，芳香油的主要成分为桉叶油素、芳樟醇及樟脑等可供医药及香料工业用。果核尚可榨油。

致危因素：直接采挖或砍伐，自然种群过小。

天竺桂[①] *Cinnamomum japonicum* Siebold

别名：山玉桂、土桂、土肉桂、山肉桂、竺香、大叶天竺桂

科属：樟科（Lauraceae）、桂属（*Cinnamomum*）

物种保护：国家Ⅱ级

CITES（2023）	IUCN（2025-1）	极小种群	中国生物多样性红色名录—高等植物卷（2020）	中国珍稀濒危植物图鉴	中国珍稀濒危植物信息系统"受威胁物种信息"
LC			VU	收录	VU

形态特征：常绿乔木，枝条细弱，红色或红褐色，具香气。叶近对生或在枝条上部互生，革质，上面绿色，光亮，下面灰绿色，晦暗，两面无毛，离基三出脉，离基部为0.5～1.5 cm，中脉直贯叶端，下面侧脉外侧具少数支脉；叶柄粗壮，腹凹背凸，红褐色，无毛。圆锥花序腋生，无毛，花被片外侧无毛。果托盘状，果长圆形。花期4～5月，果期7～9月。

产地生境：分布于江苏、浙江、安徽、江西、福建及台湾。常生长于低山或近海的常绿阔叶林中。

功用价值：天竺桂是中国、朝鲜和日本的间断分布种，对研究东亚植物区系具有一定的学术意义。天竺桂的枝叶及树皮可提取芳香油，果核含脂肪，可制作肥皂及润滑油。

致危因素：居群稳定，但生境破碎，人为采挖或砍伐导致其处于易危状态。

---

① 在"植物智"中，将天竺桂、普陀樟、浙江樟视为同一种植物；在《中国植物志》中，仅有天竺桂，而无普陀樟、浙江樟的记载；在《浙江植物志》（2021版）中，将天竺桂与浙江樟分为2个种，而将普陀樟视作天竺桂的变种。

附：普陀樟 *Cinnamomum japonicum var. chenii* G.F.Tao

别名：普陀桂

形态特征：常绿乔木，树皮淡褐色；小枝绿色，光滑。叶片呈卵状椭圆形，先端渐尖，两面无毛，离基三出脉。叶革质，芳香，近对生或在枝条上部互生，卵状长椭圆形或长椭圆形，上面深绿色，下面淡绿色。聚伞花序腋生，呈伞形；总花梗与花梗均无毛。浆果状核果，呈椭圆形至椭圆状卵形，果托浅杯状，全缘或具浅圆齿，成熟时紫黑色。

产地生境：分布于浙江嵊泗、岱山、普陀和象山等地。常生长于滨海山坡的阔叶林中。

功用价值：普陀樟的树冠浓郁，叶色光亮，为优良的绿化观赏树种；抗风性好，适用于沿海山地造林。木材坚实，耐水湿，有香气，为建筑、船舶、家具优良用材树种。

致危因素：人类活动干扰和原有植被破坏。

浙江樟 *Cinnamomum chekiangense* Nakai

别名：浙江桂、浙江天竺桂

形态特征：常绿乔木。树皮淡灰褐色，有芳香及辛辣味。小枝无毛，或幼时稍有细疏毛。叶片薄革质，互生或近对生，排成两列，基出三出脉或离基三出脉，离基 0～0.8 cm；叶柄被细柔毛。花序梗与花梗均被短伏毛。果蓝黑色。

产地生境：分布于浙江、安徽、湖南、江西等地。常生长于海拔 800 m 以下的山坡、沟谷阔叶林中。

功用价值：浙江樟的材质优良，具有香气，可用于建筑、船舶与家具制造。树皮、枝皮可入药，称"香桂皮"。

致危因素：生境退化或丧失，人类活动干扰和原有植被破坏。

润楠 *Machilus nanmu*（Oliv.）Hemsl.

别名：滇楠

科属：樟科（Lauraceae）、润楠属（*Machilus*）

物种保护：国家Ⅱ级

CITES（2023）	IUCN（2025-1）	极小种群	中国生物多样性红色名录—高等植物卷（2020）	中国珍稀濒危植物图鉴	中国珍稀濒危植物信息系统"受威胁物种信息"
	EN		EN 中国特有	收录	EN 中国特有

形态特征：常绿乔木，当年生小枝黄褐色，一年生枝灰褐色，均无毛，叶椭圆形或椭圆状倒披针形，革质，上面绿色，无毛，下面有贴伏小柔毛，嫩叶的下面和叶柄密被灰黄色小柔毛，中脉上面凹下，下面明显凸起。圆锥花序生于嫩枝基部，花小，绿色，花被裂片长圆形，外面有绢毛，内面绢毛较疏。果扁球形，黑色，花期4～6月，果期7～8月。

产地生境：分布于四川、重庆、云南。常生长于海拔1 000 m以下的杂木林中。

功用价值：润楠的树干高大，材质优良，为良好的建筑、家具等用材，也可作为园林观赏树种。

致危因素：生境退化或丧失，直接采挖或砍伐导致植物种群过少。

舟山新木姜子 *Neolitsea sericea*（Bl.）Koidz.

别名：男刁樟、佛光树

科属：樟科（Lauraceae）、新木姜子属（*Neolitsea*）

物种保护：国家Ⅱ级

CITES（2023）	IUCN（2025-1）	极小种群	中国生物多样性红色名录—高等植物卷（2020）	中国珍稀濒危植物图鉴	中国珍稀濒危植物信息系统"受威胁物种信息"
	LC		EN	收录	EN

形态特征：常绿乔木，幼枝密被黄色绢状柔毛。叶互生，椭圆形或披针状椭圆形，幼叶两面密被黄色绢毛，老叶下面被平伏黄褐或橙褐色绢毛，离基三出脉。伞形花序簇生，无梗。果球形。花期9～10月，果期翌年1～2月。

产地生境：分布于浙江舟山及上海崇明，朝鲜、日本也有分布。耐旱、抗风，常生长于山坡林中。

功用价值：舟山新木姜子树形端正，枝叶茂密，春季嫩叶金黄，冬季红果累累，为良好的观叶观果树种。间断分布于日本、朝鲜和我国东部沿海地区，对研究上述地区的植物区系和保存种质资源有一定意义。

致危因素：原生境受威胁严重，直接采挖或砍伐导致舟山新木姜子处于濒危状态。

闽楠 *Phoebe bournei*（Hemsl.）Yen C. Yang

别名：竹叶楠、兴安楠木

科属：樟科（Lauraceae）、楠属（*Phoebe*）

物种保护：国家Ⅱ级

CITES（2023）	IUCN（2025–1）	极小种群	中国生物多样性红色名录——高等植物卷（2020）	中国珍稀濒危植物图鉴	中国珍稀濒危植物信息系统"受威胁物种信息"
	NT		VU 中国特有	收录	VU 中国特有

形态特征：常绿乔木，老树皮灰白色，幼树皮带黄褐色。叶披针形或倒披针形，下面被短柔毛，脉上被长柔毛，有时具缘毛，横脉及细脉在下面结成网格状。圆锥花序，花被片卵形，两面被毛。果椭圆形或长圆形，宿存花被片紧贴，被毛。花期4月，果期10～11月。

产地生境：分布于江西、福建、浙江南部、广东、广西北部及东北部、湖南、湖北、贵州东南及东北部。野生闽楠多生长于山地沟谷阔叶林中。

功用价值：闽楠木质致密，为珍贵用材树种。树体高大，可作为行道树或园景树。

致危因素：原生境受威胁严重，直接采挖或砍伐。

浙江楠 *Phoebe chekiangensis* C. B. Shang

别名：浙江紫楠

科属：樟科（Lauraceae）、楠属（*Phoebe*）

物种保护：国家Ⅱ级

CITES （2023）	IUCN （2025-1）	极小 种群	中国生物多样性红色名录— 高等植物卷（2020）	中国珍稀濒危 植物图鉴	中国珍稀濒危植物信息系统 "受威胁物种信息"
	VU		VU 中国特有	收录	VU 中国特有

形态特征：常绿乔木，树皮淡黄褐色，薄片脱落，小枝具棱，密被黄褐或灰黑色柔毛或绒毛。叶倒卵状椭圆形或倒卵状披针形，稀披针形，下面被覆着灰褐色柔毛，脉上被长柔毛，上面中脉及侧脉凹下，横脉及细脉密集，下面明显；叶柄被毛。圆锥花序被毛。果椭圆状卵圆形，被白粉；宿存花被片革质，紧贴。花期4～5月，果期9～10月。

产地生境：分布于浙江西北部及东北部、福建北部、江西东部。常生长于丘陵沟谷或山坡林中。

功用价值：浙江楠的树身高大，叶四季青翠，可作为绿化树种。

致危因素：直接采挖或砍伐。

楠木 *Phoebe zhennan* S. K. Lee et F. N. Wei

别名： 雅楠、桢楠

科属： 樟科（Lauraceae）、楠属（*Phoebe*）

物种保护： 国家Ⅱ级

CITES（2023）	IUCN（2025-1）	极小种群	中国生物多样性红色名录—高等植物卷（2020）	中国珍稀濒危植物图鉴	中国珍稀濒危植物信息系统"受威胁物种信息"
	VU		EN 中国特有	收录	VU 中国特有

形态特征： 常绿大乔木，芽鳞被灰黄色贴伏长毛。叶革质，椭圆形，少为披针形或倒披针形，先端渐尖，尖头直或呈镰状，下面密被短柔毛，脉上被覆着长柔毛。聚伞状圆锥花序十分开展，被毛。果椭圆形，果梗微增粗；宿存花被片卵形，革质、紧贴，两面被短柔毛或外面被微柔毛。花期4～5月，果期9～10月。

产地生境： 分布于湖北西部、贵州西北部及四川。常生长于海拔1 500 m的阔叶林中。

功用价值： 楠木为高大乔木，树干通直，叶终年不谢，属于很好的绿化树种。

致危因素： 直接采挖或砍伐。

（十四）兰科

金线兰 *Anoectochilus roxburghii*（Wall.）Lindl.

别名： 花叶开唇兰、金线莲

科属： 兰科（Orchidaceae）、金线兰属（*Anoectochilus*）

物种保护： 国家Ⅱ级

CITES（2023）	IUCN（2025-1）	极小种群	中国生物多样性红色名录——高等植物卷（2020）	中国珍稀濒危植物图鉴	中国珍稀濒危植物信息系统"受威胁物种信息"
Ⅱ级			EN		EN

形态特征： 地生草本，茎具（2）3～4片叶。叶卵圆形或卵形，长1.3～3.5 cm，宽0.8～3 cm，上面暗紫或黑紫色，具金红色脉网，下面淡紫红色，基部近平截或圆；叶柄长0.4～1 cm，基部鞘状抱茎。总状花序具2～6朵花，花序轴淡红色和花序梗均被柔毛，花苞片淡红色，卵状披针形或披针形，花白色或淡红色，不倒置（唇瓣位于上方），花瓣近镰状，斜歪，萼片背面被柔毛。花期9～11月。

产地生境： 分布于浙江、江西、福建、湖南、广东、海南、广西、四川、云南、西藏东南部。常生长于常绿阔叶林下或沟谷阴湿处。

功用价值： 金线兰全草民间作为药用。株型小巧，叶片美观，用于室内观赏。

致危因素： 生境破碎化或丧失、过度采集、自然种群过小。

春兰 *Cymbidium goeringii*（Rchb. f.）Rchb. F.

别名：兰花、朵朵香、草兰

科属：兰科（Orchidaceae）、兰属（*Cymbidium*）

物种保护：国家Ⅱ级

CITES（2023）	IUCN（2025-1）	极小种群	中国生物多样性红色名录—高等植物卷（2020）	中国珍稀濒危植物图鉴	中国珍稀濒危植物信息系统"受威胁物种信息"
Ⅱ级			VU		VU

形态特征：地生草本，假鳞茎卵球形。叶4～7枚，带形，长20～40 cm，宽5～9 mm，下部常对折呈V形。花葶直立，长3～15 cm，花序具单花，稀2朵，花色泽变化较大，通常为绿色或淡褐黄色而有紫褐色脉纹，有香气。花期1～3月。

产地生境：分布于陕西南部、甘肃南部、江苏、安徽、浙江、江西、福建、台湾、河南南部、湖北、湖南、广东、广西、四川、贵州、云南。常生长于海拔300～2 200 m的多石山坡、林缘、林中透光处，在我国台湾可上升到3 000 m。

功用价值：春兰在中国有悠久的栽培历史，多进行盆栽，作为室内观赏，开花时有特别幽雅的香气，为室内布置的佳品。根、叶、花均可入药。

致危因素：直接采挖或砍伐导致栖息地质量下降，种群减少。

蕙兰 *Cymbidium faberi* Rolfe

别名： 云南美冠兰

科属： 兰科（Orchidaceae）、兰属（*Cymbidium*）

物种保护： 国家Ⅱ级

CITES（2023）	IUCN（2025-1）	极小种群	中国生物多样性红色名录—高等植物卷（2020）	中国珍稀濒危植物图鉴	中国珍稀濒危植物信息系统"受威胁物种信息"
Ⅱ级			LC		

形态特征： 地生草本，假鳞茎不明显。叶5～8枚，带形，近直立，基部常对折呈V形，叶脉常透明，常有粗齿。花序具5～11朵或多花；花常为淡黄绿色，唇瓣有紫红色斑，且有香气；萼片近似披针状长圆形或窄倒卵形，花瓣与萼片相似，常略宽短，唇瓣长圆状卵形，3裂。蒴果窄椭圆形。花期3～5月。

产地生境： 分布于陕西南部、甘肃南部、安徽、浙江、江西、福建、台湾、河南南部、湖北、湖南、广东、广西、四川、贵州、云南和西藏东部。常生长于湿润但排水良好的透光处。

功用价值： 蕙兰用于园艺观赏。

致危因素： 生境破碎化或丧失、过度采集、自然种群过小。

建兰 *Cymbidium ensifolium*（L.）Sw.

别名：四季兰

科属：兰科（Orchidaceae）、兰属（*Cymbidium*）

物种保护：国家Ⅱ级

CITES（2023）	IUCN（2025-1）	极小种群	中国生物多样性红色名录—高等植物卷（2020）	中国珍稀濒危植物图鉴	中国珍稀濒危植物信息系统"受威胁物种信息"
Ⅱ级			VU		VU

形态特征：地生草本；假鳞茎卵球形，包藏于叶基之内。叶2～4（6）枚，带形，有光泽，前部边缘有时有细齿，花葶从假鳞茎基部发出，直立，但一般短于叶。总状花序具3～9朵花，花常有香气，色泽变化较大，通常为浅黄绿色而具紫斑；萼片近狭长圆形或狭椭圆形，花瓣呈狭椭圆形或狭卵状椭圆形，唇瓣略3裂。蒴果呈狭椭圆形。花期通常在6～10月。

产地生境：分布于安徽、浙江、江西、福建、台湾、湖南、广东、海南、广西、四川西南部、贵州和云南。常生长于疏林下、灌丛中、山谷旁或草丛中。

功用价值：建兰数量稀少，种群减少，经济价值高，科学及文化意义大。

致危因素：直接采挖或砍伐导致数量稀少，产地生境受威胁严重。

墨兰 *Cymbidium sinense*（Jack. ex Andr.）Willd.

别名：报岁兰

科属：兰科（Orchidaceae）、兰属（*Cymbidium*）

物种保护：国家Ⅱ级

CITES（2023）	IUCN（2025–1）	极小种群	中国生物多样性红色名录—高等植物卷（2020）	中国珍稀濒危植物图鉴	中国珍稀濒危植物信息系统"受威胁物种信息"
Ⅱ级			VU		VU

形态特征：地生草本，假鳞茎卵球形，包藏于叶基之内。叶3～5枚，带形，近薄革质，暗绿色，有光泽，关节位于距基部3.5～7 cm处。花葶从假鳞茎基部发出，直立，较粗壮，一般略长于叶；总状花序具10～20朵或更多的花；花的色泽变化较大，常为暗紫色或紫褐色而具浅色唇瓣，也有黄绿色、桃红色或白色的，一般有较浓的香气。蒴果呈狭椭圆形。

产地生境：分布于中国安徽南部、江西南部、福建、台湾、广东、海南、广西、四川（峨眉山）、贵州西南部和云南。生于海拔300～2 000 m的林下、灌木林中或溪谷旁的荫蔽处，以及常绿阔叶林或混交林下的草丛中。

功用价值：墨兰是中国常见的传统观叶观花植物，具有很高的观赏价值与文化价值。墨兰花还可以提取精油。

致危因素：栖息地环境和生态质量下降及过度采挖。

寒兰 *Cymbidium kanran* Makino

科属：兰科（Orchidaceae）、兰属（*Cymbidium*）

物种保护：国家Ⅱ级

CITES（2023）	IUCN（2025-1）	极小种群	中国生物多样性红色名录—高等植物卷（2020）	中国珍稀濒危植物图鉴	中国珍稀濒危植物信息系统"受威胁物种信息"
Ⅱ级			VU		VU

形态特征：地生草本，假鳞茎狭卵球形，包藏于叶基之内。叶3～5（7）枚，带形，薄革质，暗绿色，略有光泽，前部边缘常有细齿，关节位于距基部4～5 cm处。花葶直立；总状花序疏生5～12花；苞片窄披针形，宽1.5～2 mm，中部与上部的苞片长1.5～2.6 cm；花常为淡黄绿色，唇瓣为淡黄色，有浓香。蒴果窄椭圆形。花期一般在每年10月至次年1月，故名寒兰。

产地生境：分布于我国安徽、浙江（乐清、永嘉、文成、泰顺）、江西、福建、台湾、湖南、广东、海南、广西、四川、贵州和云南。性喜凉爽、湿润、通风的环境，忌积水、干燥和阳光直晒；喜疏松、肥沃且呈微酸性的土壤；生长于林下、溪谷旁或稍荫蔽、湿润、多石的土壤。

功用价值：寒兰体态修长、花香浓烈，是国兰中重要的观赏种类。性辛，微寒，具有润肺止咳、清热利湿的功效。现代临床用于治疗肺结核咯血、急性胃肠炎、月经不调、便血和跌打损伤等。

致危因素：栖息地环境和生态质量下降，过度采挖导致种群锐减。

铁皮石斛 *Dendrobium officinale* Kimura et Migo

别名： 云南铁皮、黑节草

科属： 兰科（Orchidaceae）、石斛属（*Dendrobium*）

物种保护： 国家Ⅱ级

CITES（2023）	IUCN（2025–1）	极小种群	中国生物多样性红色名录—高等植物卷（2020）	中国珍稀濒危植物图鉴	中国珍稀濒危植物信息系统"受威胁物种信息"
Ⅱ级	CR		EN		

形态特征： 附生草本，茎直立或斜伸。叶3～5枚，排成2列，叶片长圆状披针形，叶鞘常具紫斑。花序具2～3朵花，花序轴回折状弯曲；萼片和花瓣黄绿色，长圆状披针形，唇瓣矩形并为白色，基部具1个绿色或黄色的胼胝体且在中央有一个紫色圆斑。花期3～6月。

产地生境： 分布于安徽西南部、浙江东部、福建西部、广西西北部、四川、云南东南部等地。喜半阴环境，常生长于山地半阴湿的岩石上。

功用价值： 铁皮石斛味甘，性微寒，具有生津养胃、滋阴清热、润肺益肾、明目强腰的作用。在我国传统医学上地位崇高，素有"九大仙草之首"之称。株型小巧，可作为盆栽观赏。

致危因素： 生境破碎化或丧失、过度采集、自然种群过小。

（十五）莲科

莲 *Nelumbo nucifera* Gaertn.

别名：荷花、菡萏、芙蓉、芙蕖、莲花

科属：莲科（Nelumbonaceae）、莲属（*Nelumbo*）

物种保护：国家Ⅱ级

CITES （2023）	IUCN （2025-1）	极小 种群	中国生物多样性红色名录— 高等植物卷（2020）	中国珍稀濒危 植物图鉴	中国珍稀濒危植物信息系统 "受威胁物种信息"
	DD		LC	收录	

形态特征：多年生水生草本，根茎肥厚，横生于地下，节长。叶片呈盾状圆形，伸出水面，叶柄中空常具刺。花单生于花葶顶端，花瓣多数为红色、粉红色或白色，有时变态成雄蕊。坚果椭圆形或卵形，黑褐色，种子卵形或椭圆形，种皮红色或白色。花期6～8月，果期8～10月。

产地生境：分布于于我国南北各省。常自生或栽培在池塘或水田内。

功用价值：莲的根状茎和种子可供食用，叶、叶柄、花托、花、雄蕊、果实、种子及根状茎均作为药用。荷花是我国十大传统名花之一，栽培品种很多，花形大、花色美丽，观赏价值高，多用于水体美化。

致危因素：过度采挖。

（十六）金缕梅科

长柄双花木 *Disanthus cercidifolius* subsp. *longipes*（H. T. Chang）K. Y. Pan

科属： 金缕梅科（Hamamelidaceae）、双花木属（*Disanthus*）

物种保护： 国家Ⅱ级

CITES（2023）	IUCN（2025-1）	极小种群	中国生物多样性红色名录—高等植物卷（2020）	中国珍稀濒危植物图鉴	中国珍稀濒危植物信息系统"受威胁物种信息"
			NT 中国特有	收录	EN 中国特有

形态特征： 落叶灌木，高达 4 m。多分枝。叶片宽，呈卵形，先端钝或圆，基部为心形，掌状脉 5 ～ 7 条，全缘。头状花序腋生，苞片连生成短筒状；萼筒长为 1 mm，萼齿呈卵形；花瓣为红色，窄披针形；雄蕊较花瓣短，花药为卵形；子房无毛，花柱长为 1 ～ 1.5 mm。蒴果倒卵圆形，顶端近平截，上部 2 瓣裂。种子长圆形，黑色，有光泽。花期 10 月。

产地生境： 分布于贵州、湖南、江西、浙江。常生长于溪边林下，栖息地气候特点是温凉多雨，云雾重，湿度大。

功用价值： 长柄双花木系孑遗的单种属植物，科学及文化意义大。叶片心形如紫荆，双花背部相连甚为奇特，具有观赏价值。

致危因素： 个体数量及种群数量稀少；自然繁殖能力低；生境易受破坏，退化或丧失，直接采挖或砍伐导致数量稀少。

银缕梅 *Shaniodendron subaequale*（H. T. Chang）M. B. Deng & al.

别名：小叶银缕梅、小叶金缕梅

科属：金缕梅科（Hamamelidaceae）、银缕梅属（*Shaniodendron*）

物种保护：国家Ⅰ级

CITES（2023）	IUCN（2025-1）	极小种群	中国生物多样性红色名录——高等植物卷（2020）	中国珍稀濒危植物图鉴	中国珍稀濒危植物信息系统"受威胁物种信息"
			VU 中国特有	收录	CR 中国特有

形态特征：落叶小乔木。芽及幼枝被星状毛。叶互生，薄革质，椭圆形，具不整齐粗齿。短穗状花序腋生及顶生，具3～7花；雄花与两性花同序，外轮1～2朵为雄花，内轮4～5朵为两性花。花无梗，萼筒浅杯状，萼具不整齐钝齿；无花瓣。蒴果木质，长圆形，被毛，萼筒宿存果及萼筒均密被黄色星状柔毛。种子有光泽，褐色。

产地生境：分布于安徽、江苏、浙江。常生长于山地林中。

功用价值：银缕梅是最古老的植物物种之一，在金缕梅科的系统研究中具有很高的价值。材质坚硬，纹理通直，可作为细木工、工艺品、家具等。树姿古朴，干形苍劲，可作为园林景观树，也是优良的盆景树种。

致危因素：分布区狭窄分散，自身遗传困难，加之人类干扰，使得该种野生资源极为稀少。

（十七）连香树科

连香树 *Cercidiphyllum japonicum* Sieb old & Zucc.

科属： 连香树科（Cercidiphyllaceae）、连香树属（*Cercidiphyllum*）

物种保护： 国家Ⅱ级

CITES（2023）	IUCN（2025-1）	极小种群	中国生物多样性红色名录—高等植物卷（2020）	中国珍稀濒危植物图鉴	中国珍稀濒危植物信息系统"受威胁物种信息"
	LC		LC	收录	

形态特征： 落叶大乔木，高可达20 m。树皮灰色。短枝叶片近圆形或宽卵形，长枝叶片椭圆形或三角形，掌状脉7条。花两性，雄花常4朵簇生，近无梗，苞片花期红色，膜质，卵形；雌花2～5（8）朵，簇生。蓇葖果2～4个，荚果状，微弯。种子数个，扁平四角形，褐色。花期4月。

产地生境： 分布于山西、河南、陕西、甘肃、安徽、浙江、江西、湖南、湖北、四川、贵州、云南、重庆。常生长于山谷边缘或林中开阔地的杂木林中。

功用价值： 连香树为第三纪孑遗植物，是中国和日本的间断分布种，对于阐明第三纪植物区系起源及中国与日本植物区系的关系，均有科研价值。树姿雄伟，叶型奇特，寿命长，可供观赏，为很好的园林绿化树种。树皮及叶片均含鞣质，可提制栲胶。

致危因素： 结实率低，故天然更新极困难。加之乱砍、乱伐森林，环境遭到严重破坏。

（十八）豆科

降香 *Dalbergia odorifera* T. C. Chen

别名： 海南黄花梨、降香黄檀、花梨木、降香檀

科属： 豆科（Fabaceae）、黄檀属（*Dalbergia*）

物种保护： 国家Ⅱ级

CITES（2023）	IUCN（2025-1）	极小种群	中国生物多样性红色名录——高等植物卷（2020）	中国珍稀濒危植物图鉴	中国珍稀濒危植物信息系统"受威胁物种信息"
Ⅱ级	VU		CR 中国特有	收录	CR 中国特有

形态特征： 常绿乔木，高 10～15 m。羽状复叶；小叶 4～6 对，卵形或椭圆形，先端急尖而钝，基部为圆形或宽楔形。圆锥花序腋生，由多数聚伞花序组成；花萼钟状，下方 1 枚萼齿较长，披针形，其余为宽卵形；花冠淡黄色或乳白色，花瓣近等长，具柄，旗瓣倒心形，翼瓣长圆形，龙骨瓣半月形，背弯拱。荚果舌状长圆形，有种子 1～2 粒。种子肾形。花期 4～6 月。

产地生境： 分布于福建、海南、浙江。常生长于中海拔有山坡疏林中、林缘或标旁旷地上。

功用价值： 降香的木材质优，边材淡黄色，质略疏松，心材红褐色，坚重，纹理致密，为上等家具良材。有香味，可作香料。根部心材名降香，可供药用，是良好的镇痛剂，也可治刀伤出血。

致危因素： 分布区狭小，野生数量极少。乱砍滥伐，栖息地破坏。

格木 *Erythrophleum fordii* Oliv.

别名：赤叶柴、孤坟柴、斗登风

科属：豆科（Fabaceae）、格木属（*Erythrophleum*）

物种保护：国家Ⅱ级

CITES（2023）	IUCN（2025-1）	极小种群	中国生物多样性红色名录—高等植物卷（2020）	中国珍稀濒危植物图鉴	中国珍稀濒危植物信息系统"受威胁物种信息"
	EN		VU	收录	VU 中国特有

形态特征：常绿乔木，高 6～12 m。二回羽状复叶；羽片通常 3 对，对生或近对生；每羽片有小叶 8~12 片；小叶互生，卵形或卵状椭圆形，微偏斜，先端渐尖或骤尖，基部近圆形，无毛。总状花序圆柱形，数枚排列为腋生的圆锥花序；萼钟状，裂片 5，有短柔毛；花冠白色；雄蕊 10，花丝长为花瓣的 2 倍；子房密生短柔毛，具柄。荚果扁平，革质，成熟时开裂。花期 5～6 月，果期 8～10 月。

产地生境：分布于澳门、福建、广东、广西、贵州、台湾、云南、浙江。常生长于山地密林或疏林中。

功用价值：格木的木材为暗褐色，质硬而亮，纹理致密，为国产著名硬木之一。可作为造船的龙骨、首柱及尾柱，飞机机座的垫板及房屋建筑的柱材等。经济价值高，科学及文化意义大。

致危因素：生境破碎受威胁严重，直接采挖或砍伐；物种内在因素；生境退化或丧失。

绒毛皂荚 *Gleditsia japonica* var. *velutina* L.C.Li

别名： 肠子树

科属： 豆科（Fabaceae）、皂荚属（*Gleditsia*）

物种保护： 国家Ⅰ级

CITES（2023）	IUCN（2025-1）	极小种群	中国生物多样性红色名录——高等植物卷（2020）	中国珍稀濒危植物图鉴	中国珍稀濒危植物信息系统"受威胁物种信息"
	CR		CR 中国特有	收录	CR 中国特有

形态特征： 落叶乔木或小乔木，高达25 m。多分枝，小枝有棱，粗壮，光滑无毛。羽状复叶，小叶先端圆，微粗糙，叶脉不明显。穗状花序顶生，花黄绿色，椭圆形。荚果上有黄绿色绒毛，种子数量多，椭圆形。花期4～6月，果期6～11月。

产地生境： 分布于湖南衡山。常生长于山地、路边疏林中。

功用价值： 绒毛皂荚为豆科植物中较原始的种类，具有较高的科研价值和观赏价值，对于植物区系分布与分类系统研究有着重要的科学意义。绒毛皂荚木材致密，为重要用材树种。荚果富含胰皂素，可作为丝绸及优美家具的洗涤剂。树冠优美，荚果密被金黄色绒毛，悬垂枝头，微风吹动，金光闪闪，甚为美观，宜作为庭园观赏树种。

致危因素： 绒毛皂荚的濒危原因主要是自身繁殖能力弱，雌雄异株植物，荚果成熟后难以开裂，致使种子发芽率低，在自然状态下更新困难。栖息地质量明显退化，生境退化或丧失也是重要的致危因素。

花榈木 *Ormosia henryi* Prain

别名： 红豆树、臭桶柴、花梨木、亨氏红豆、马桶树、烂锅柴、硬皮黄檗、毛叶红豆

科属： 豆科（Fabaceae）、红豆属（*Ormosia*）

物种保护： 国家Ⅱ级

CITES（2023）	IUCN（2025-1）	极小种群	中国生物多样性红色名录——高等植物卷（2020）	中国珍稀濒危植物图鉴	中国珍稀濒危植物信息系统"受威胁物种信息"
LC	是	VU	收录	VU

形态特征： 常绿乔木，高达16 m。小枝、花序、叶柄和叶轴密被锈褐色茸毛。叶长13～32.5 cm，具5～7小叶。圆锥花序顶生。花长约2 cm；花萼钟状，5齿，裂至2/3处，花冠中央淡绿色，边缘绿色微带淡紫色，旗瓣近圆形，翼瓣与龙骨瓣均短于旗瓣。荚果扁平，长椭圆形。种子椭圆形，鲜红色，有光泽。花期7～8月，果期10～11月。

产地生境： 分布于安徽、浙江、湖南、湖北、四川、重庆、贵州、云南、福建、广东。生于山坡、溪谷两旁杂木林内，常与杉木、枫香、马尾松、合欢等混生。

功用价值： 花榈木的木材致密质重，纹理美丽，可作为轴承及细木家具用材。根、枝、叶均可入药，能祛风散结，解毒去瘀。树形端正，荫质优良，为绿化或防火树种。

致危因素： 数量稀少，生境受威胁严重，直接采挖或砍伐导致数量骤减。

红豆树 *Ormosia hosiei* Hemsl. & E. H. Wilson

别名： 江阴红豆、鄂西红豆、何氏红豆、花梨木

科属： 豆科（Fabaceae）、红豆属（*Ormosia*）

物种保护： 国家Ⅱ级

CITES（2023）	IUCN（2025–1）	极小种群	中国生物多样性红色名录—高等植物卷（2020）	中国珍稀濒危植物图鉴	中国珍稀濒危植物信息系统"受威胁物种信息"
	NT		EN 中国特有	收录	EN 中国特有

形态特征： 常绿或落叶乔木，高达 30 m。奇数羽状复叶，小叶 5～7，通常为 5，卵形或卵状椭圆形，先端急尖或渐尖，基部圆形或宽楔形。圆锥花序顶生或腋生，下垂；花疏生，有香气；花萼钟状，裂片近圆形；花冠白色或淡紫色，旗瓣倒卵形，翼瓣和龙骨瓣均为长圆形，与旗瓣近等长。荚果扁，具 1～2 粒种子。种子近圆形或椭圆形，种皮红色。花期 4～5 月，果期 10～11 月。

产地生境： 分布于安徽、福建、甘肃、广西、贵州、湖北、湖南、江苏、江西、陕西、四川、云南、浙江、重庆。常生长于河旁、山坡、山谷林内。

功用价值： 红豆树的木材坚硬细致，纹理美丽，有光泽，边材不耐腐，易受虫蛀，心材耐腐朽，为优良的木雕工艺及高级家具等用材。根与种子可入药，主治跌打损伤、风湿关节炎及无名肿毒。树体高大，树姿优雅，树冠浓荫，宜作为庭荫树、行道树和风景树。根系发达，具有良好的防风固土能力，可作为生态公益林树种。

致危因素： 红豆树适生区狭窄，自然繁殖能力和传播扩散能力均较差，种群天然分布受限，而且多年来盗伐现象严重，导致种群分布范围收缩及数量减少。

（十九）蔷薇科

玫瑰 *Rosa rugosa* Thunb.

别名：滨茄子、滨梨、刺玫

科属：蔷薇科（Rosaceae）、蔷薇属（*Rosa*）

物种保护：国家Ⅱ级

CITES（2023）	IUCN（2025–1）	极小种群	中国生物多样性红色名录——高等植物卷（2020）	中国珍稀濒危植物图鉴	中国珍稀濒危植物信息系统"受威胁物种信息"
		是	EN		EN

形态特征：落叶灌木。茎丛生，小枝有针刺和腺毛，且有皮刺。奇数羽状复叶，小叶5～9，椭圆形或椭圆状倒卵形，边缘有尖锐锯齿，上面无毛，下面中脉凸起，网脉明显，密被绒毛和腺毛；托叶大部贴生于叶柄，离生部分卵形，边缘有带腺锯齿。花单生于叶腋，或数朵簇生；萼片先端常有羽状裂片而扩展成叶状；重瓣至半重瓣，芳香，紫红色。

产地生境：分布于中国华北地域及日本和朝鲜，中国各地均有栽培。喜阳光充足，耐寒、耐旱，喜排水良好、疏松肥沃的壤土或轻壤土。

功用价值：野生玫瑰是培育月季新品种的重要种质资源，因本种仅分布于北方海滨及海岛，对于研究植物区系有一定科学价值。玫瑰的花瓣含芳香油，为各种高级香水、香皂及化妆香精的原料；也可入药，有理气活血、收敛的功效；果实含维生素 C，用于食品和医药；花大而艳丽、香气浓，具有极高的观赏价值和经济价值。

致危因素：直接采挖或砍伐。

（二十）鼠李科

小勾儿茶 *Berchemiella wilsonii*（C. K. Schneid.）Nakai

科属：鼠李科（Rhamnaceae）、小勾儿茶属（*Berchemiella*）

物种保护：国家Ⅱ级

CITES（2023）	IUCN（2025-1）	极小种群	中国生物多样性红色名录——高等植物卷（2020）	中国珍稀濒危植物图鉴	中国珍稀濒危植物信息系统"受威胁物种信息"
			CR 中国特有	收录	

形态特征：落叶灌木，高 3～6 m；小枝褐色，老枝灰色。叶纸质，互生，椭圆形，全缘，顶端钝，有短凸尖，基部圆形，不对称；叶柄上面有沟槽；托叶三角形。顶生聚伞总状花序；花两性，5 基数，淡绿色，花瓣宽倒卵形，顶端微凹，基部具短爪，与萼片近等长；花盘厚，五边形，子房基部为花盘所包围，花柱短，2 浅裂，核果。花期 7 月，果期 8～9 月。

产地生境：分布于安徽、湖北、浙江。生于海拔 1 300 m 的林中，土壤为山地棕壤。小勾儿茶喜温暖、湿润的生境，多生长于土层深厚、土质肥沃、排水良好的沟谷中下部。

功用价值：小勾儿茶为分布微域的特有种，对研究鼠李科枣族中某些属间的亲缘关系具有科学意义。小勾儿茶树形优美，果实艳丽，具有较高的观赏价值。

致危因素：小勾儿茶为中国特有种，分布极窄，自然种群过小。天然植株，结实数量虽多，但林地未见幼树、幼苗、天然更新不良，已处于濒临灭绝的境地。

（二十一）榆科

长序榆 *Ulmus elongata* L. K. Fu et C. S. Ding

别名： 野榔皮、野榆、牛皮筋

科属： 榆科（Ulmaceae）、榆属（*Ulmus*）

物种保护： 国家Ⅱ级

CITES（2023）	IUCN（2025-1）	极小种群	中国生物多样性红色名录—高等植物卷（2020）	中国珍稀濒危植物图鉴	中国珍稀濒危植物信息系统"受威胁物种信息"
	VU		EN 中国特有	收录	EN 中国特有

形态特征： 落叶乔木，高达 30 m；树皮灰白色，裂成不规则鳞状块片。小枝栗褐色，无毛；冬芽长卵圆形。叶片椭圆形或披针状椭圆形，幼树的叶片（有时小枝顶端的叶片）常较窄。花春季开放，在二年生枝上排列成总状聚伞花序，花序轴明显伸长，下垂。果序轴长 4～8 cm，有疏毛；翅果窄长，淡黄绿色或淡绿色，果核位于翅果中部稍向上。

产地生境： 中国特有种，分布于浙江南部及北部、福建北部、江西东部及安徽南部。生于海拔 250～900 m 的常绿阔叶林中。

功用价值： 长序榆是我国特有的一种稀有珍贵树种。长序榆的发现不仅丰富了我国榆属植物资源，而且对探讨北美和东亚植物区系具有科学意义。树干直，心材浅红色，花纹美丽，坚重耐用，为优良用材树种。

致危因素： 长期处于散生状态，天然更新不良，分布区域狭小，群落孤立，母树数量少和天然更新较弱等因素，该物种野生种群现已极度濒危，加上林地垦复生产的影响，长序榆原生境被干扰和种群被破坏导致濒危。

大叶榉树 *Zelkova schneideriana* Hand.–Mazz.

别名： 鸡油树、黄栀榆、大叶榆、红榉树、血榉

科属： 榆科（Ulmaceae）、榉属（*Zelkova*）

物种保护： 国家Ⅱ级

CITES（2023）	IUCN（2025–1）	极小种群	中国生物多样性红色名录—高等植物卷（2020）	中国珍稀濒危植物图鉴	中国珍稀濒危植物信息系统"受威胁物种信息"
	VU		NT 中国特有	收录	

形态特征： 落叶乔木，高达 35 m；树皮灰褐色至深灰色，呈不规则的片状剥落；冬芽常 2 个并生，球形或卵状球形。叶厚纸质，大小形状变异很大，卵形至椭圆状披针形，先端渐尖、尾状渐尖或锐尖，基部稍偏斜，圆形、宽楔形、稀浅心形；叶柄粗短，被柔毛。雄花 1～3 朵簇生于叶腋，雌花或两性花常单生于小枝上部叶腋。核果较小，近无梗，淡绿色，呈不规则斜卵状圆锥形，表面有柔毛，具宿存花被。花期 4 月，果期 9～11 月。

产地生境： 分布于陕西南部、甘肃南部、江苏、安徽、浙江、江西、福建、河南南部、湖北、湖南、广东、广西、四川东南部、贵州、云南和西藏东南部。生于海拔 200～1 100 m（在云南和西藏可达 1 800～2 800 m）的溪间水旁或山坡土层较厚的疏林中。

功用价值： 大叶榉树的木材致密坚硬，纹理美观，不易伸缩与反挠，耐腐力强，为供造船、桥梁、车辆、家具、器械等用的上等木材。树皮含纤维 46%，可供制作人造棉、绳索和造纸原料。

致危因素： 过度开垦和砍伐。

（二十二）壳斗科

台湾水青冈 *Fagus hayatae* Palib. ex Hayata

科属： 壳斗科（Fagaceae）、水青冈属（*Fagus*）

物种保护： 国家Ⅱ级

CITES（2023）	IUCN（2025-1）	极小种群	中国生物多样性红色名录—高等植物卷（2020）	中国珍稀濒危植物图鉴	中国珍稀濒危植物信息系统"受威胁物种信息"
	VU		VU 中国特有	收录	

形态特征： 落叶乔木，高达 20 m，当年生枝暗红褐色，老枝灰白色，皮孔狭长圆形；冬芽长达 15 mm。叶长卵形，长 3 ～ 7 cm，顶部短尖或短渐尖，基部宽楔形或近似圆形，两侧稍不对称，叶缘有锐齿，侧脉直达齿端。总花梗被长柔毛，结果时毛较疏少；果梗长为 5 ～ 20 mm；坚果与裂瓣等长或稍较长，顶部脊棱有甚狭窄的翅。花期 4 ～ 5 月，果期 8 ～ 10 月。

产地生境： 分布于中国台湾（北部各地）、浙江（永嘉、临安、庆元）、湖北（兴山等县）、四川（南江、青川等县）等地。生于海拔 1 300 ～ 2 300 m 的山地林中或次生阔叶混交林。

功用价值： 台湾水青冈是水青冈属植物在中国分布最南的一个特有种，对研究海岛和大陆的植物区系具有学术意义。木材材质坚韧，纹理细密，经久耐腐，为建筑、车辆等优良用材。

致危因素： 由于植被遭受烧山与破坏，导致生境恶化，植株减少。因受粉率低，种子多数不饱满，且受鸟兽啄食，天然更新能力弱，林内幼树极少。

（二十三）桦木科

普陀鹅耳枥 *Carpinus putoensis* W. C. Cheng

科属：桦木科（Betulaceae）、鹅耳枥属（*Carpinus*）

物种保护：国家Ⅰ级

CITES（2023）	IUCN（2025-1）	极小种群	中国生物多样性红色名录—高等植物卷（2020）	中国珍稀濒危植物图鉴	中国珍稀濒危植物信息系统"受威胁物种信息"
	CR		CR 中国特有	收录	CR 中国特有

形态特征：落叶乔木；树皮灰色；小枝棕色，叶厚纸质，叶椭圆形至宽椭圆形，顶端锐尖或渐尖，基部圆形或宽楔形，边缘具不规则的刺毛状重锯齿，上面疏被长柔毛，下面疏被短柔毛，叶柄上面疏被短柔毛。花单性，雌雄同株，雄花冬芽冬季具芽鳞，无小苞片，无花被，雄蕊着生于苞片基部；雌花序总状，生于上面的枝顶或腋生于短枝上。果序梗、序轴均疏被长柔毛或近无毛，果苞呈半宽卵形，小坚果宽卵圆形。

产地生境：中国特有种，仅分布于浙江舟山群岛。生长于山坡林中，生活在云雾较多，湿度较高的生境里，比较耐阴。

功用价值：普陀鹅耳枥为中国特有珍稀植物，现仅存一株，在保存物种和增添普陀岛自然风景区景色方面都具有重要的意义。

致危因素：因植被破坏，生境恶化，目前仅有一株保存于普陀岛佛顶山。又因开花、结实期间常受大风侵袭，致使结实率很低，濒临灭绝。

天台鹅耳枥 *Carpinus tientaiensis* W. C. Cheng

科属： 桦木科（Betulaceae）、鹅耳枥属（*Carpinus*）

物种保护： 国家Ⅱ级

CITES （2023）	IUCN （2025–1）	极小 种群	中国生物多样性红色名录— 高等植物卷（2020）	中国珍稀濒危 植物图鉴	中国珍稀濒危植物信息系统 "受威胁物种信息"
	CR		CR 中国特有	收录	CR 中国特有

形态特征： 落叶乔木，高 16 ～ 20 m；树皮灰色；小枝棕色，无毛或疏被长柔毛。叶革质，卵形、椭圆形或卵状披针形，顶端锐尖或渐尖，基部微心形或近圆形，边缘具短而钝的重锯齿。花单性，雌雄同株，雄花冬芽冬季具芽鳞，生于上一年枝条上；雌花序总状，生于上面的枝顶或腋生于短枝上。果序梗、序轴初时密被长柔毛，后逐渐变无毛；小坚果宽卵圆形或三角状卵圆形。

产地生境： 中国特有种，分布于浙江天台县华顶山等处。生于海拔约 850 m 的林中，稍耐阴，耐干旱，喜中性土壤，耐瘠薄，多生于背阴的山坡，向阳山坡也能生长。

功用价值： 天台鹅耳枥对研究桦木科植物的地理分布、植物区系和生物多样性等方面具有较高的价值。良好的水土保持林树种。木材坚硬而脆，可用于制作家具、薪材等。种子含油量为 15% ～ 20%，可食用或工业用。树皮及叶含有鞣质，可提取栲胶。

致危因素： 因人为破坏及环境变化，加之天台鹅耳枥天然更新能力较弱，致使种源不断减少，处于极危状态。

天目铁木 *Ostrya rehderiana* Chun

别名： 小叶穗子榆

科属： 桦木科（Betulaceae）、铁木属（*Ostrya*）

物种保护： 国家Ⅰ级

CITES（2023）	IUCN（2025-1）	极小种群	中国生物多样性红色名录—高等植物卷（2020）	中国珍稀濒危植物图鉴	中国珍稀濒危植物信息系统"受威胁物种信息"
	CR		CR 中国特有	收录	CR 中国特有

形态特征： 落叶乔木；树皮深灰色，粗糙；枝条灰褐色或暗灰色，无毛，皮孔疏生；小枝细瘦，褐色。叶长椭圆形或矩圆状卵形，顶端渐尖、长渐尖或尾状渐尖，基部近圆形或宽楔形；边缘具不规则的锐齿或有时具刺毛状齿。花单性，雌雄同株；雄柔荑花序常3个簇生；雌花序单生，直立，有花7～12朵。果多数，聚生成稀疏的总状；小坚果为红褐色，长椭圆形或倒卵状披针形。

产地生境： 中国特有种，仅分布于浙江西天目山。生于海拔400～500 m的山坡林中。

功用价值： 天目铁木不仅是中国特有种，而且是该属分布于中国东部的唯一种类，对研究植物区系和铁木属系统分类，以及保存物种等，均具有一定意义。

致危因素： 一是树种分布区太窄，遭受人为破坏，使个体数量急剧下降；二是植株结实率低而种子萌发和成苗立地条件要求苛刻。

（二十四）藤黄科

金丝李 *Garcinia paucinervis* Chun ex F. C. How

别名： 哥非力郎、埋贵、米友波

科属： 藤黄科（Clusiaceae）、藤黄属（*Garcinia*）

物种保护： 国家Ⅱ级

CITES（2023）	IUCN（2025-1）	极小种群	中国生物多样性红色名录—高等植物卷（2020）	中国珍稀濒危植物图鉴	中国珍稀濒危植物信息系统"受威胁物种信息"
	EN		VU 中国特有		VU 中国特有

形态特征： 常绿乔木，树皮灰黑色，具白斑块。叶片嫩时紫红色，膜质，老时近革质，椭圆形、椭圆状长圆形或卵状椭圆形，顶端急尖或短渐尖，钝头、基部为宽楔形。花杂性，同株；雄花序腋生和顶生，雄蕊多数，合生成 4 裂的环；雌花通常单生叶腋，比雄花稍大，退化雄蕊的花丝合生成 4 束，子房呈圆球形。果实成熟时呈椭圆形或卵珠状椭圆形，基部萼片宿存。

产地生境： 分布于中国广西西部和西南部、云南东南部（麻栗坡）等地区；多生于海拔 300～800 m 的石灰岩山较干燥的疏林或密林中，耐旱性强，能适应干旱的石隙生态环境，适生于南亚热带季风气候区。

功用价值： 金丝李为中国季风型气候、石灰岩地形地区的特有珍贵用材树种，材质坚而重，结构细致均匀，适用于水工建筑和梁、柱等用材。枝叶、树皮均可入药。

致危因素： 生境退化或丧失；直接采挖或砍伐。

（二十五）无患子科

伞花木 *Eurycorymbus cavaleriei*（H. Lév.）Rehder et Hand.–Mazz.

科属：无患子科（Sapindaceae）、伞花木属（*Eurycorymbus*）

物种保护：国家Ⅱ级

CITES（2023）	IUCN（2025-1）	极小种群	中国生物多样性红色名录—高等植物卷（2020）	中国珍稀濒危植物图鉴	中国珍稀濒危植物信息系统"受威胁物种信息"
	NT		LC 中国特有	收录	

形态特征：落叶乔木。树皮灰色。偶数羽状复叶，互生，叶柄和叶轴被柔毛；小叶4～10对，长圆状卵形或披针状椭圆形，先端渐尖，基部楔形，边缘有疏齿；小叶柄短。花序顶生，排列成伞房状圆锥花序；花小，单性异株；花瓣5，长圆状匙形，无鳞片。蒴果近球形，被绒毛，3深裂；果皮革质，密被褐灰色短绒毛。种子球形，黑色，有光泽，种脐小，无假种皮。

产地生境：分布于云南（贡山、蒙自）、贵州、广西、湖南、江西、广东、福建、台湾。生于海拔300～1 400 m的丘陵山地沟谷或溪边常绿阔叶林中，喜温暖湿润气候。

功用价值：伞花木为第三纪残遗于中国的特有单种属植物，对研究植物区系和无患子科的系统发育有科学价值。花多而稠密，且具芳香，是良好的园林观赏树种和风景树。具有木质轻、易加工、变形小等优点。可作为制造用材。茎的提取物具有抗氧化和抗肿瘤的药用价值。伞花木亦为极具开发前景的食用油料和生物柴油用植物材料。

致危因素：过度砍伐。

掌叶木 *Handeliodendron bodinieri*（H. Lév.）Rehder

科属：无患子科（Sapindaceae）、平舟木属（*Handeliodendron*）

物种保护：国家Ⅱ级

CITES（2023）	IUCN（2025-1）	极小种群	中国生物多样性红色名录——高等植物卷（2020）	中国珍稀濒危植物图鉴	中国珍稀濒危植物信息系统"受威胁物种信息"
			EN 中国特有	收录	EN 中国特有

形态特征：落叶乔木或灌木，高 1 ～ 8 m；树皮黄白色，薄片状脱落。掌状复叶对生，小叶通常 5，稀 3 ～ 4，侧生的椭圆形，中间的椭圆状倒卵形，长于侧生小叶，先端急渐尖，基部为宽楔形，向下延伸。圆锥花序顶生，长 10 ～ 12 cm；花小，黄色至白色，两性；萼片 5；花瓣 4 ～ 5。蒴果棒状梨形，红褐色。种子卵圆形，黑色，有假种皮二层，包种子下半部。

产地生境：中国特有种，分布于中国贵州南部和广西西北部。生于海拔 500 ～ 800 m 石灰岩山常绿—落叶阔叶混交林中。

功用价值：掌叶木是重要的经济植物，其材质坚硬，可作高档家具和建筑材料；种子富含油脂，油清澈，有香味，可食用或作工业用油；其树形优美，叶形奇特，入秋后掌状复叶衬上红色果实，观赏价值高。

致危因素：掌叶木及其生长环境人为破坏严重，加之种子含油丰富，易被动物觅食和萌发率低等原因，天然更新极为困难，种群数量越来越少。

梓叶槭 *Acer amplum* subsp. *catalpifolium*（Rehder）Y. S. Chen

别名： 梓叶枫

科属： 无患子科（Sapindaceae）、槭属（*Acer*）

物种保护： 国家Ⅱ级

CITES（2023）	IUCN（2025-1）	极小种群	中国生物多样性红色名录—高等植物卷（2020）	中国珍稀濒危植物图鉴	中国珍稀濒危植物信息系统"受威胁物种信息"
	VU		LC 中国特有	收录	

形态特征： 落叶乔木，树皮平滑，深灰色或灰褐色。小枝圆柱形，无毛，当年生的嫩枝绿色或紫绿色；多年生的老枝灰色或深灰色，皮孔圆形。冬芽小，卵圆形；鳞片6枚，近无毛。叶纸质，卵形或长圆卵形，基部圆形，先端钝尖，具尾状尖尾，不分裂或在中段以下具2枚微发育的裂片；上面深绿色，无毛，下面除脉腋具黄色丛毛外，其余均无毛；初生脉和次生脉均在上面微凹下，在下面显著；叶柄无毛。伞房花序，花黄绿色，杂性，雄花与两性花同株。小坚果压扁状，卵形。

产地生境： 分布于中国四川西部平原周围各县。生于海拔400～1 000 m的阔叶林中。常生于土层较厚、腐殖质含量丰富的低山或浅丘偏湿性常绿阔叶林中。

功用价值： 梓叶槭的树干笔直，树冠伞形，可作为行道树和观赏树。木材良好，可制造各种器具。

致危因素： 零星散生，数量不多，分布区狭窄，因砍伐及毁林耕种，陷入濒危状态。

（二十六）芸香科

宜昌橙 *Citrus cavaleriei* H. Lév. ex Cavalier

别名： 野柑子、酸柑子

科属： 芸香科（Rutaceae）、柑橘属（*Citrus*）

物种保护： 国家Ⅱ级

CITES（2023）	IUCN（2025-1）	极小种群	中国生物多样性红色名录—高等植物卷（2020）	中国珍稀濒危植物图鉴	中国珍稀濒危植物信息系统"受威胁物种信息"
			NT		

形态特征： 常绿小乔木或灌木，高 2～4 m。枝干多劲直锐刺。叶卵状披针形，大小差异很大，顶部渐狭尖，全缘或具细钝齿，翼叶比叶身略短小至稍较长。花通常单生于叶腋；花蕾阔椭圆形；花萼 5 浅裂；花瓣 5，淡紫红色或白色；雄蕊 20～30，花丝合生成多束。果呈扁圆形、球形或梨形，淡黄色，粗糙，油胞大，果肉淡黄白色，酸苦。种子近圆形而稍长，深茶褐色。

产地生境： 分布于中国陕西、甘肃、湖北、湖南、广西、贵州、四川、云南。生于高山陡崖、岩石旁、山脊或沿河谷坡地，耐寒、耐土壤瘠薄、耐阴、抗病力强，自然分布的最高限为 2 500 m 山地。

功用价值： 宜昌橙是嫁接柑橘属植物的优良砧木之一，接甜橙、柑橘、柠檬等可使植株矮化。

致危因素： 生境退化或丧失、过度砍伐。

莽山野橘 *Citrus mangshanensis* S. W. He et G. F. Liu

科属： 芸香科（Rutaceae）、柑橘属（*Citrus*）

物种保护： 国家Ⅱ级

CITES（2023）	IUCN（2025-1）	极小种群	中国生物多样性红色名录—高等植物卷（2020）	中国珍稀濒危植物图鉴	中国珍稀濒危植物信息系统"受威胁物种信息"
			NT 中国特有		

形态特征： 常绿小乔木。单身复叶，叶宽椭圆形或卵形，长 4.2～5.3 cm，具细圆齿，翼叶通常狭窄。花单生或 2～3 朵簇生，花萼 3～5 不规则浅裂；花瓣白色；花柱粗短。柑果近梨形或扁球形，径 6～7.5 cm，果顶部具短硬尖，富含果胶，汁胞球形或卵形，含油腺点，味极酸微苦。果期 10 月。

产地生境： 分布于中国湖南南部。生于海拔约 700 m 的山区。

功用价值： 莽山野橘是原产于中国的宝贵的野生柑橘种质资源，也是开展柑橘育种和驯化研究的重要种质资源，具有重要的科研价值。

致危因素： 生境退化或丧失、过度砍伐。

山橘 *Fortunella hindsii*（Champ. ex Benth.）Swingle

科属：芸香科（Rutaceae）、金柑属（*Fortunella*）

物种保护：国家Ⅱ级

CITES（2023）	IUCN（2025-1）	极小种群	中国生物多样性红色名录——高等植物卷（2020）	中国珍稀濒危植物图鉴	中国珍稀濒危植物信息系统"受威胁物种信息"

形态特征：常绿灌木。植株无毛。枝具长约 2 cm 的枝刺，嫩枝具细棱。单身复叶，稀兼有少数单叶，互生；叶卵状椭圆形，先端圆钝，稀短尖，基部圆形或宽楔形，全缘或具不明显细圆齿；翼叶宽约 1 mm 或仅有痕迹。花单生或少数簇生于叶腋；花小，5 基数；花瓣白色。雄蕊约 20，花丝合生成 4 束或 5 束。果圆球形或稍呈扁球形，直径 0.8～1 cm，果皮成熟时呈橙黄色或朱红色，极薄；果肉味酸。花期 5～6 月，果期 11 月至次年 3 月。

产地生境：分布于浙江、安徽、江西、湖南、福建、广东、广西、海南等地区。生于海拔 100～600 m 的山坡林下、林缘或岩缝中。

功用价值：山橘的果可食，果皮可提取芳香油。叶、果可入药，宽中化气，止咳化痰，主治风寒咳嗽。

致危因素：作为优良的观果盆景桩材资源被过度采挖。

金豆 *Fortunella venosa*（Champ. ex Benth.）C.C. Huang

别名： 金柑、山金橘、山鸡橘

科属： 芸香科（Rutaceae）、金柑属（*Fortunella*）

物种保护： 国家Ⅱ级

CITES（2023）	IUCN（2025-1）	极小种群	中国生物多样性红色名录—高等植物卷（2020）	中国珍稀濒危植物图鉴	中国珍稀濒危植物信息系统"受威胁物种信息"

形态特征： 常绿灌木。植株无毛。枝具腋生枝刺，刺长常不逾2 cm。单叶互生；叶椭圆形，稀倒卵状椭圆形，长2～4 cm，宽1～1.5 cm，顶端圆或钝，稀短尖，基部楔形，全缘，中脉在上面稍隆起。单花腋生，常位于叶柄与枝刺之间；花萼5，淡绿色；花瓣5，白色，呈卵形；雄蕊为花瓣数的2～3倍，花丝合生成筒状，花柱短。果圆球形或椭球形，直径6～8 mm，果顶稍浑圆，有短凸柱，果皮橙红色，极薄，无苦酸味；果肉味酸。花期4～5月，果期10月至次年3月。

产地生境： 分布于江西、福建、湖南、广东、浙江等地区。生于松林、阔叶林下或岩缝中。

功用价值： 金豆的株型矮小，终年常绿，果实鲜红，可供室内盆栽观赏，也是作为盆景的好材料。

致危因素： 作为优良的观果盆景桩材资源被过度采挖。

黄檗 *Phellodendron amurense* Rupr.

别名：黄柏、关黄柏、元柏、黄伯栗、黄波椤树、黄檗木、檗木

科属：芸香科（Rutaceae）、黄檗属（*Phellodendron*）

物种保护：国家Ⅱ级

CITES（2023）	IUCN（2025-1）	极小种群	中国生物多样性红色名录—高等植物卷（2020）	中国珍稀濒危植物图鉴	中国珍稀濒危植物信息系统"受威胁物种信息"
			VU	收录	VU

形态特征：落叶乔木，树皮浅灰或灰褐色，有深沟裂，木栓质很发达，内皮鲜黄色。奇数羽状复叶对生；小叶 5～13，卵状披针形至卵形，先端长渐尖，基部宽楔形，边缘有细钝锯齿，有缘毛。雌雄异株，排成顶生聚伞状圆锥花序；雌花退化，雄蕊鳞片状，子房有短柄。果序上的果疏散，浆果状核果，黑色，有特殊香气与苦味。花期 5～6 月，果期 9～10 月。

产地生境：分布于我国安徽、北京、甘肃、河北、河南、黑龙江、吉林、辽宁、内蒙古、山东、山西、台湾、天津，朝鲜、日本、俄罗斯（远东）也有分布。多生长于山地杂木林中或山区河谷沿岸。适应性强，喜阳光，耐严寒，宜于平原或低丘陵坡地、路旁、住宅旁及溪河附近水土较好的地方种植。

功用价值：黄檗是第三纪古热带植物区系的孑遗植物，对研究古代植物区系、古地理及第四纪冰期气候具有科学价值。也是珍贵药材树种，其树皮中含小檗碱、掌叶防己碱等活性成分。

致危因素：长期乱砍滥伐，数量已很少。其生境遭受一定程度的破坏，对种群更新具有较大的影响。

（二十七）楝科

毛红椿^①*Toona ciliata Roem. var. pubescens*（Franch.）Hand.–Mazz.

科属： 楝科（Meliaceae）、香椿属（*Toona*）

物种保护： 国家Ⅱ级

CITES（2023）	IUCN（2025–1）	极小种群	中国生物多样性红色名录—高等植物卷（2020）	中国珍稀濒危植物图鉴	中国珍稀濒危植物信息系统"受威胁物种信息"
	LC		NT	收录	VU

形态特征： 落叶大乔木，高达20余米。树皮灰褐色，鳞片状纵裂。叶为羽状复叶，常有小叶7～14对；小叶对生或近对生，长圆状卵形或披针形；叶轴和小叶片下面被短柔毛，脉上尤甚。圆锥花序顶生，花瓣5，白色，近卵状长圆形，先端近急尖，长4.5 mm；花丝被疏柔毛，花柱具长硬毛。蒴果长椭圆形，木质，顶端浑圆；花期4～6月，果期10～12月。

产地生境： 分布于浙江、安徽、福建、江西、湖北、湖南（永顺）、广东（阳春）、广西、海南（五指山）、四川（北川、都江堰）、贵州、云南等地区。生于海拔300～800 m的低谷阔叶林中。

功用价值： 毛红椿是我国热带、亚热带地区的珍贵速生用材树种。材色红褐，花纹美丽，质地坚韧，适宜制作高级家具。

致危因素： 过度砍伐。

---

① 1999版国家重点保护植物名录中，毛红椿为国家Ⅱ级保护树种；在2021版中，毛红椿被归并到红椿（*Toona ciliata* M. Roem.），红椿也为国家Ⅱ级保护树种。

（二十八）锦葵科

滇桐 *Craigia yunnanensis* W. W. Sm. et W. E. Evans

　　科属： 锦葵科（Malvaceae）、滇桐属（*Craigia*）

　　物种保护： 国家Ⅱ级

CITES （2023）	IUCN （2025−1）	极小 种群	中国生物多样性红色名录— 高等植物卷（2020）	中国珍稀濒危 植物图鉴	中国珍稀濒危植物信息系统 "受威胁物种信息"
	VU	是	EN	收录	EN

　　形态特征： 常绿乔木。高 6 ～ 20 m。叶纸质，椭圆形，基部圆形，边缘有小锯齿，两面无毛，基部三出脉。花两性，聚伞状圆锥花序腋生，无花瓣，萼片 5，近肉质，分离，卵状披针形。蒴果红色，具 5 个薄纸质的翅，顶端圆形，基部凹入；种子每室 4 ～ 6 粒，排成两列，长椭圆形，干时黑色且光亮。花期 7 月，果期 9 ～ 10 月。

　　产地生境： 分布于云南南部、贵州南部及广西西南部。散生于海拔 1 000 ～ 1 500 m 的山地、沟谷。

　　功用价值： 滇桐属是古老的第三纪孑遗属，滇桐居群是研究滇桐属系统演化的关键类群，在区系地理研究和选育珍贵树种应用中均有重要价值。

　　致危因素： 分布范围狭窄，种群数量极少，天然更新十分困难，生存环境遭受到人为破坏；加之滇桐树干通直高大，可作栋梁之材，大树多被人为砍伐，濒临灭绝。

蚬木 *Excentrodendron tonkinense*（A. Chev.）H. T. Chang et R. H. Miao

别名：节花蚬木、菱叶蚬木

科属：锦葵科（Malvaceae）、蚬木属（*Excentrodendron*）

物种保护：国家Ⅱ级

CITES（2023）	IUCN（2025–1）	极小种群	中国生物多样性红色名录—高等植物卷（2020）	中国珍稀濒危植物图鉴	中国珍稀濒危植物信息系统"受威胁物种信息"
	NT		VU	收录	EN

形态特征：常绿乔木，嫩枝及顶芽无毛。叶厚革质，椭圆状卵形或宽卵形，先端渐尖或尾状渐尖，基部圆形，上面绿色，发亮，脉腋有囊状腺体，下面黄褐色，除脉腋有毛丛外其余秃净，基出脉3条，全缘；叶柄长 3.5～6.5 cm。圆锥花序或总状花序，有花 7～13 朵；花柄有短柔毛；雄蕊 26～35，花丝线形，基部略连生；子房 5 室，每室有胚珠 2 颗，具中轴胎座，花柱 5 条，极短。蒴果纺锤形，果柄有节。

产地生境：分布于云南、广西。生于海拔 700～900 m 的石灰岩山地季雨林。

功用价值：蚬木是热带石灰岩特有植物，有科研价值。木材坚重，结构均匀，纹理美观，是良好的制造用材，也是作砧板的好材料。

致危因素：因经济价值高，人为过度砍伐，导致天然更新不良，已经表现出渐危状况。

叶面

叶背

广西火桐 *Firmiana kwangsiensis* H. H. Hsue

别名：广西梧桐、美丽梧桐

科属：锦葵科（Malvaceae）、梧桐属（*Firmiana*）

物种保护：国家Ⅰ级

CITES（2023）	IUCN（2025-1）	极小种群	中国生物多样性红色名录—高等植物卷（2020）	中国珍稀濒危植物图鉴	中国珍稀濒危植物信息系统"受威胁物种信息"
			EN 中国特有	收录	CR 中国特有

形态特征：落叶乔木，高达 10 m。树皮灰白色，小枝几无毛，嫩芽密被淡黄褐色星状短柔毛。叶纸质，宽卵形或近圆形，全缘或在顶端 3 浅裂，裂片楔状短渐尖，长 2～3 cm，基部截形或浅心形，两面均被很稀疏的短柔毛，基生脉的脉腋间有黄褐色星状柔毛。聚伞状总状花序，长 5～7 cm，花出叶前开放；花梗连同花萼均密被金黄色且带红褐色的星状绒毛；萼圆筒形，长 32 mm，顶端 5 浅裂，内面鲜红色，被星状小柔毛，萼的裂片呈三角状卵形；雄花的雌雄蕊柄长为 28 mm，雄蕊 15，集生在雌雄蕊柄的顶端成头状。果未见。花期 6 月。

产地生境：中国特有物种，分布于广西靖西市；生长于海拔 910 m 的山谷缓坡灌丛中。

功用价值：广西火桐的花色鲜艳美丽，观赏价值高。木材纹理直，材质柔韧易加工，不开裂，是上等用材。因广西火桐生存在特殊地理气候区域，对研究植物区系和植物地理及亲缘关系等均有学术价值。

致危因素：生境退化或丧失，自然种群过小。

（二十九）瑞香科

土沉香 *Aquilaria sinensis*（Lour.）Spreng.

别名：白木香、沉香、女儿香、青桂香、牙香树、崖香、芫香

科属：瑞香科（Thymelaeaceae）、沉香属（*Aquilaria*）

物种保护：国家Ⅱ级

CITES（2023）	IUCN（2025-1）	极小种群	中国生物多样性红色名录—高等植物卷（2020）	中国珍稀濒危植物图鉴	中国珍稀濒危植物信息系统"受威胁物种信息"
Ⅱ级	VU		EN 中国特有	收录	VU 中国特有

形态特征：常绿乔木。叶互生，革质有光泽，卵形、倒卵形至椭圆形，先端锐尖或急尖而具短尖头，基部宽楔形。伞形花序顶生或腋生；花黄绿色，有芳香；花萼浅钟状，裂片5，近卵形；花瓣10，鳞片状，有毛；雄蕊10；子房卵状。蒴果木质，倒卵形，被灰黄色短柔毛，有宿存萼，2瓣裂开。种子有1颗或2颗，基部有长约2 cm的尾状附属物。

产地生境：分布于福建、广东、广西、海南、新疆。喜生长于低海拔的山地、丘陵及路边阳处疏林中。

功用价值：土沉香老茎受伤后所积得的树脂，俗称沉香，可作为香料原料，并为治胃病特效药；树皮纤维柔韧，色白而细致，可做高级纸原料及人造棉；木质部可提取芳香油，花可制浸膏。

致危因素：用于造纸及香料，采伐严重。

（三十）龙脑香科

坡垒 *Hopea hainanensis* Merr. et Chun

科属：龙脑香科（Dipterocarpaceae）、坡垒属（*Hopea*）

物种保护：国家Ⅰ级

CITES（2023）	IUCN（2025–1）	极小种群	中国生物多样性红色名录—高等植物卷（2020）	中国珍稀濒危植物图鉴	中国珍稀濒危植物信息系统"受威胁物种信息"
	EN		NT	收录	EN

形态特征： 常绿乔木，具白色芳香树脂。树皮灰白色或褐色，具白色皮孔。叶近革质，长圆形或长圆状卵形，长 8～14 cm，先端微钝或渐尖，基部圆形，侧脉 9～12 对，下面明显凸出；叶柄粗壮，长约 2 cm，连同叶片均无毛或具粉状鳞枇。圆锥花序顶生或腋生，花偏生于花序分枝的一侧，密被短柔毛。花萼 5；花瓣 5；雄蕊 15，2 轮。果卵球形，为增大的宿萼基部所包被，其中 2 枚增大的萼裂片呈翅状，倒披针形。

产地生境： 中国特有种，分布于海南地区。生于海拔 700 m 左右的密林中。

功用价值： 坡垒是海南热带沟谷雨林的代表种之一，对研究热带植物区系有科研价值。木材坚韧耐久，为海南树种之冠，适合作为特种工业、工艺及硬木家具等用。

致危因素： 过度砍伐和自然种群过小。

望天树 *Parashorea chinensis* H. Wang

别名：擎天树

科属：龙脑香科（Dipterocarpaceae）、柳安属（*Parashorea*）

物种保护：国家Ⅰ级

CITES（2023）	IUCN（2025-1）	极小种群	中国生物多样性红色名录—高等植物卷（2020）	中国珍稀濒危植物图鉴	中国珍稀濒危植物信息系统"受威胁物种信息"
	EN		EN	收录	EN

形态特征：常绿大乔木，高达 40～60 m，胸径 60～150 cm，树皮灰色或棕褐色。叶革质，椭圆形，长 6～20 cm，宽 3～8 cm，先端渐尖，基部圆形，全缘，侧脉羽状，被鳞片状毛或绒毛；托叶早落，卵形。圆锥花序顶生或腋生，每个小分枝具 3～8 花，花基部具 1 对宿存苞片；花萼裂片 5，被毛；花瓣 5，黄白色，芳香，雄蕊 12～15。果坚果状，长卵球形，密被银灰色绢毛；果翅近似等长或 3 长 2 短，近革质，基部狭窄不包围果实。

产地生境：中国特有种，分布于云南、广西。生于海拔 300～1 100 m 的沟谷、坡地、丘陵及石灰山密林中。

功用价值：望天树的树干高大而通直，材质优良，加工性能良好，是热带优良的用材树种。同时，对研究我国的热带植物区系具有重要的意义。

致危因素：过度砍伐和自然种群过小。

（三十一）叠珠树科

伯乐树 *Bretschneidera sinensis* Hemsl.

别名： 钟萼木、冬桃

科属： 叠珠树科（Akaniaceae）、伯乐树属（*Bretschneidera*）

物种保护： 国家Ⅱ级

CITES（2023）	IUCN（2025–1）	极小种群	中国生物多样性红色名录—高等植物卷（2020）	中国珍稀濒危植物图鉴	中国珍稀濒危植物信息系统"受威胁物种信息"
	EN		NT	收录	

形态特征： 落叶乔木，高 10 ～ 20 m。羽状复叶通常长 25 ～ 45 cm，小叶 7 ～ 15 片，纸质或革质，狭椭圆形，全缘，顶端渐尖或急短渐尖，基部钝圆或短尖、楔形，叶面为绿色，无毛，背面为粉绿色或灰白色，有短柔毛。花淡红色，直径约 4 cm，花萼直径约 2 cm，顶端具短的 5 齿，内面有疏柔毛或无毛，花瓣阔匙形或倒卵楔形，顶端浑圆，无毛，内面有红色纵条纹；子房有光亮、白色的柔毛，花柱有柔毛。果椭圆球形，近球形或阔卵形，种子椭圆球形，平滑。

产地生境： 分布于四川、云南、贵州、广西、广东、湖南、湖北、江西、浙江、福建。生于低海拔至中海拔的山地林中。

功用价值： 伯乐树为单种属植物，是古老的残遗种，对研究被子植物的系统发育及古地理等均有科学价值。木材硬度适中，不翘裂，色纹美观，为优良的家具及工艺用材。

致危因素： 人为的过度干扰，伯乐树的自然生态环境遭受到极其严重破坏，现有的天然种群母树越来越稀少，加上其自花授粉结实率低、自然更新能力弱，目前已处于濒临绝灭境地。

（三十二）蓼科

金荞麦 *Fagopyrum dibotrys*（D. Don）Hara

别名：天荞麦、野荞麦

科属：蓼科（Polygonaceae）、荞麦属（*Fagopyrum*）

物种保护：国家Ⅱ级

CITES（2023）	IUCN（2025–1）	极小种群	中国生物多样性红色名录—高等植物卷（2020）	中国珍稀濒危植物图鉴	中国珍稀濒危植物信息系统"受威胁物种信息"
			LC		

形态特征：多年生草本，高达1 m。茎直立，具纵棱。叶三角形，长4～12 cm，先端渐尖，基部近戟形，两面被乳头状凸起；叶柄长达10 cm，托叶鞘长0.5～1 cm，无缘毛。花序伞房状；苞片卵状披针形，长约3 mm。花梗与苞片近等长，中部具关节；花被片椭圆形，白色，长约2.5 mm；雄蕊较花被短；花柱3。瘦果宽卵形，具3锐棱，伸出宿存花被2～3倍。

产地生境：分布于陕西、华东、华中、华南及西南，喜马拉雅区域各国及东南亚北部也有分布。生于山谷湿地、山坡灌丛。

功用价值：金荞麦的块根可供药用，清热解毒、排脓去瘀。

致危因素：近年来，由于人为大肆采挖、生境破坏、外来物种的入侵，导致金荞麦资源面临来自各方面的生存威胁。

（三十三）蓝果树科

珙桐 *Davidia involucrata* Baill.

别名：空桐

科属：蓝果树科（Nyssaceae）、珙桐属（*Davidia*）

物种保护：国家Ⅰ级

CITES（2023）	IUCN（2025-1）	极小种群	中国生物多样性红色名录—高等植物卷（2020）	中国珍稀濒危植物图鉴	中国珍稀濒危植物信息系统"受威胁物种信息"
			LC 中国特有	收录	

形态特征：落叶乔木，高 15 ～ 20 m；树皮灰褐至深褐色。叶互生，纸质，宽卵形，长 9 ～ 15 cm，宽 7 ～ 12 cm，先端渐尖，基部心形，边缘有粗锯齿，幼时上面生长柔毛，下面密生淡黄色粗毛。花杂性，由多数雄花和一朵两性花组成顶生的头状花序，花序下有两片白色大苞片，苞片矩圆形或卵形。核果长卵形，长 3 ～ 4 cm，紫绿色，有黄色斑点；种子 3 ～ 5。

产地生境：分布于湖北西部、湖南西部、四川及贵州和云南两省的北部。生于海拔 1 500 ～ 2 200 m 的湿润落叶——常绿阔叶混交林中。

功用价值：珙桐为古老、珍贵、稀有植物，对研究古植物区系和系统发育均具有重要的科学价值。头状花序下的 2 枚白色大苞片非常显著，极似展翅之群鸽栖于树上，故有"中国鸽子树"之称，是驰名世界的珍贵观赏树种。木材材质优良，可用于制作家具等。

致危因素：授粉过程易受气候影响，导致结实率低。大量抑制物的存在和坚硬的木质化种壳使种子具有强休眠特性，在自然状态下后熟特征明显，种子败育现象严重，萌发率低。

（三十四）绣球科

蛛网萼 *Platycrater arguta* Siebold et Zucc.

别名： 梅花甜茶、盾儿花

科属： 绣球科（Hydrangeaceae）、蛛网萼属（*Platycrater*）

物种保护： 国家Ⅱ级

CITES（2023）	IUCN（2025-1）	极小种群	中国生物多样性红色名录—高等植物卷（2020）	中国珍稀濒危植物图鉴	中国珍稀濒危植物信息系统"受威胁物种信息"
			LC	收录	

形态特征： 落叶灌木，直立或披散，高 0.5～3 m。小枝灰褐色，几无毛，老后树皮薄片状剥落。叶对生，膜质至纸质，狭椭圆形至宽披针状椭圆形，长 9～15 cm，宽 3～6 cm，边缘有疏锯齿。伞房花序顶生，具少数花；花二型；不孕花位于花序外侧，常有退化花瓣和雌蕊，萼片 3～4，阔卵形，中部以下合生，轮廓三角形或四方形，结果时直径 2.5～2.8 cm，孕性花位于花序内侧，萼筒与子房贴生，萼齿 4～5，三角状卵形或窄三角形，宿存；花瓣有 4 枚，白色，卵圆形，先端略尖，镊合状排列，早落；雄蕊多数，多轮，花丝基部稍合生，子房 2 室，胚珠多数。蒴果倒卵形，具纵条纹，顶端孔裂。种子暗褐色，椭圆形。花期 7 月，果期 9～10 月。

产地生境： 分布于安徽、浙江、江西、福建。生于山谷水旁林下或山坡石旁灌丛中。

功用价值： 蛛网萼是东亚特有单种属植物，间断分布于中国与日本，对研究植物地理、植物区系有科学价值。同时，具有较高的观赏价值。

致危因素： 花粉的部分败育、种子萌发困难、幼苗脆弱不易生长、生境破坏、生境片段化和人为活动的影响等是蛛网萼致濒的重要因素。

（三十五）山茶科

杜鹃红山茶 *Camellia azalea* C. F. Wei

别名： 杜鹃叶山茶

科属： 山茶科（Theaceae）、山茶属（*Camellia*）

物种保护： 国家Ⅰ级

CITES （2023）	IUCN （2025-1）	极小 种群	中国生物多样性红色名录— 高等植物卷（2020）	中国珍稀濒危 植物图鉴	中国珍稀濒危植物信息系统 "受威胁物种信息"
	CR		CR 中国特有		CR 中国特有

形态特征： 常绿灌木。叶革质，倒卵状长圆形，长 7 ～ 11 cm，宽 2 ～ 3.5 cm，先端圆或钝，基部楔形，多少下延，侧脉 6 ～ 8 对。花深红色，单生于枝顶叶腋；直径 8 ～ 10 cm；苞片与萼片 8 ～ 9 片，倒卵圆形；花瓣 5 ～ 6，长倒卵形，外侧 3 片较短，长 5 ～ 6.5 cm，宽 1.7 ～ 2.4 cm，内侧 3 片长 8 ～ 8.5 cm，宽 2.2 ～ 3.2 cm。蒴果呈短纺锤形。

产地生境： 分布于广东。生于海拔 100 ～ 500 m 的丘陵地区的山地或河边石上。

功用价值： 杜鹃红山茶花期长，夏、秋两季为盛花期，在适宜的栽培条件下一年四季都可以开花，其开花稠密、花朵大而艳红，叶形奇特、叶厚革质，植株紧凑，病虫害少，适应性强，在园林与观赏园艺方面具有广阔的应用前景；同时，杜鹃红山茶是培育杂交四季茶花优良品种的宝贵亲本材料，具有极高的科研价值。

致危因素： 子房败育率高和自然结实率低是其出现濒危的主要原因，加之生境愈加恶劣和人为干扰，呈衰退趋势。

毛瓣金花茶 *Camellia pubipetala* Y. Wan et S. Z. Huang

科属： 山茶科（Theaceae）、山茶属（*Camellia*）

物种保护： 国家Ⅱ级

CITES （2023）	IUCN （2025-1）	极小 种群	中国生物多样性红色名录— 高等植物卷（2020）	中国珍稀濒危 植物图鉴	中国珍稀濒危植物信息系统 "受威胁物种信息"
	EN	是	CR 中国特有	收录	EN 中国特有

形态特征： 常绿小乔木，高达 6 m。叶薄革质，长圆形至椭圆形，先端渐尖，基部圆形或阔楔形，上面无毛，下面被茸毛，侧脉 8～10 对，边缘有细锯齿。花黄色，腋生，近无柄；苞片 5～7，半圆形，被毛；萼片 5～6，近圆形，被柔毛；花瓣 9～13，倒卵形，基部略连生，外面被柔毛；雄蕊多数，花丝有毛；子房 3～4 室，被柔毛，花柱长 2.5～3 cm，有毛，中部以上 3 裂。蒴果。

产地生境： 分布于广西。生于石灰岩上的常绿林里。

功用价值： 毛瓣金花茶不仅在子房被毛这一群里具有最大的叶片和花朵，在整个金花茶组里也是这样。它的花朵较大，因而具有较高的观赏价值。

致危因素： 生境破坏严重，种群分布面积小，且呈持续下降趋势。

中越金花茶 *Camellia indochinensis* Merr.

别名：柠檬金花茶、小瓣金花茶

科属：山茶科（Theaceae）、山茶属（*Camellia*）

物种保护：国家Ⅱ级

CITES （2023）	IUCN （2025-1）	极小 种群	中国生物多样性红色名录— 高等植物卷（2020）	中国珍稀濒危 植物图鉴	中国珍稀濒危植物信息系统 "受威胁物种信息"
	NT		EN		VU

形态特征：常绿小乔木或灌木，高 2～4 m。树皮灰褐色，嫩枝黄褐或紫褐色，幼枝无毛。叶薄革质或近似膜质，椭圆形，长 10 cm，先端短钝尖，基部楔形或近圆，两面无毛，侧脉 6 对，具纯锯齿；叶柄长 0.7～1 cm，无毛。花单生枝顶，白色，直径 3 cm；苞片 6，半圆形，长 1～2 mm，无毛，宿存；萼片 5，呈圆形，长 4～5 mm，无毛；花瓣 8～9，外层 4 片圆形，无毛，内面被绢毛，内层 4～5 片倒卵形；雄蕊与花瓣等长。蒴果扁球形，径 4 cm，果爿薄。花期 11 月。

产地生境：分布于广西天峨、贵州罗甸及云南金屏。生于石灰岩山地和常绿林下。

功用价值：中越金花茶适合观赏。

致危因素：生境退化或丧失。

东兴金花茶 *Camellia indochinensis* var. *tunghinensis*（Hung T. Chang）T. L. Ming et W. J. Zhang

科属： 山茶科（Theaceae）、山茶属（*Camellia*）

物种保护： 国家Ⅱ级

CITES（2023）	IUCN（2025-1）	极小种群	中国生物多样性红色名录—高等植物卷（2020）	中国珍稀濒危植物图鉴	中国珍稀濒危植物信息系统"受威胁物种信息"
	VU		CR 中国特有		EN 中国特有

形态特征： 常绿灌木，高 2 m。叶薄革质，椭圆形，长 5～9 cm，宽 3～4 cm，先端急尖，基部阔楔形。花金黄色，直径 4 cm，花柄长 9～13 mm；萼片 5，近圆形，长 2～5 mm，背有毛；花瓣 8～9，基部连合 2～4 mm，倒卵形，长 1～2 cm，无毛；雄蕊多数，4～5 列；子房无毛，3 室，花柱 3 条，离生。蒴果球形，1 室，果爿极薄。

产地生境： 分布于广西。生于非钙质山地常绿林及龙州的弄岗石灰岩上的常绿林中。

功用价值： 东兴金花茶枝条浓密、花繁叶茂、树形优美，是培育茶花新品种的优良种质资源。此外，东兴金花茶富含黄酮、多糖等有效成分，具有清热解毒、利尿消肿、止痢、收敛止血等功效。

致危因素： 生境破坏严重，只有一个分布点，分布区域狭窄。其自身存在结实率低、种子数量少和自然繁殖能力较弱等问题，限制了种群的扩大。

多变淡黄金花茶 *Camellia flavida* var. *patens* （S. L. Mo & Y. C. Zhong）T. L. Ming

别名： 直脉金花茶

科属： 山茶科（Theaceae）、山茶属（*Camellia*）

物种保护： 国家Ⅱ级

CITES （2023）	IUCN （2025-1）	极小 种群	中国生物多样性红色名录—— 高等植物卷（2020）	中国珍稀濒危 植物图鉴	中国珍稀濒危植物信息系统 "受威胁物种信息"

形态特征： 常绿灌木，高约 3 m。嫩枝叶紫红色，无毛。叶椭圆形或长椭圆形，先端急短尖，基部宽楔形或楔形；侧脉较少，开出角度较大，与中脉几呈直角。花淡黄色，顶生或腋生，花径 1.5 ～ 2 cm；花期 2 ～ 3 月。

产地生境： 主要分布于广西扶绥县。生于海拔 130 ～ 250 m 的石灰岩质杂木林中。

功用价值： 多变淡黄金花茶适合观赏。

致危因素： 生境退化或丧失。

平果金花茶 *Camellia pingguoensis* D. Fang

科属：山茶科（Theaceae）、山茶属（*Camellia*）

物种保护：国家Ⅱ级

CITES（2023）	IUCN（2025–1）	极小种群	中国生物多样性红色名录—高等植物卷（2020）	中国珍稀濒危植物图鉴	中国珍稀濒危植物信息系统"受威胁物种信息"
	EN		EN 中国特有		EN 中国特有

　　形态特征：常绿灌木，高 3～4 m。单叶互生，薄革质，卵形或长卵形，长 4～8 cm，宽 2.5～3.2 cm。花单生于叶腋，黄色，直径 1.5～2 cm，花柄长 4～5 mm，苞片 4～5。蒴果小，球形，直径 1～1.3 cm，果皮较薄，厚度仅为 1～2 mm，1 室或 2 室，种子细小，直径 1～1.5 cm，种皮骨质，黑褐色。

　　产地生境：分布于广西。生于海拔 250 m 的石灰岩森林。

　　功用价值：平果金花茶的花形美观，色泽莹润，高雅别致，深受人们的喜爱，具有极高的观赏价值和药用价值；为中国广西特有物种，分布地区狭小，资源稀少，对研究金花茶组的系统发育和植物区系，均有较高的价值。

　　致危因素：野生种群被非法挖掘，生境被破坏，果实被鼠兽啃食等原因，平果金花茶数量逐年下降。

显脉金花茶 *Camellia euphlebia* Merr. ex Sealy

科属： 山茶科（Theaceae）、山茶属（*Camellia*）

物种保护： 国家Ⅱ级

CITES（2023）	IUCN（2025-1）	极小种群	中国生物多样性红色名录—高等植物卷（2020）	中国珍稀濒危植物图鉴	中国珍稀濒危植物信息系统"受威胁物种信息"
	EN		CR		VU

形态特征： 常绿小乔木或灌木状。幼枝无毛。叶厚革质，椭圆形，长 12 ～ 20 cm，先端骤短尖，基部近圆形，两面无毛，无腺点，侧脉 10 ～ 12 对，在上面干后凹下，密生细齿。花单生叶腋，黄色；花梗长 4 ～ 5 mm；苞片 8，半圆形或圆形，长 2 ～ 5 mm；萼片 5，近圆形，长 5 ～ 6 mm；花瓣 8 ～ 9，呈倒卵形，长 3 ～ 4 cm，基部连合 5 ～ 8 mm；雄蕊长 3 ～ 3.5 cm，外轮花丝筒长约 1 cm；子房无毛，花柱 3，离生，长 2 ～ 2.5 cm。花期 11 月至翌年 2 月，果期 11 ～ 12 月。

产地生境： 分布于广西防城、东兴。生于非石灰岩的石山常绿林下。

功用价值： 显脉金花茶适合观赏；含有氨基酸、茶多酚等营养物质，可用于保健食品开发利用。

致危因素： 生境退化或丧失；直接采挖或砍伐。

凹脉金花茶 *Camellia impressinervis* Hung T. Chang et S. Y. Liang

科属： 山茶科（Theaceae）、山茶属（*Camellia*）

物种保护： 国家Ⅱ级

CITES （2023）	IUCN （2025–1）	极小 种群	中国生物多样性红色名录— 高等植物卷（2020）	中国珍稀濒危 植物图鉴	中国珍稀濒危植物信息系统 "受威胁物种信息"
	CR		EN 中国特有	收录	CR 中国特有

形态特征： 常绿灌木，高 3 m，嫩枝有短粗毛，老枝变秃。叶革质，椭圆形，长12～22 cm，宽 5.5～8.5 cm，先端急尖，基部阔楔形或窄而圆，上面深绿色，干后橄榄绿色，有光泽，下面黄褐色，被柔毛，至少在中脉及侧脉上有毛，有黑腺点，侧脉10～14 对，与中脉在上面凹下，在下面强烈凸起，边缘有细锯齿，齿刻相隔 2～3 mm，叶柄长 1 cm，上面有沟，无毛，下面有毛。花 1～2 朵腋生，花柄粗大，长 6～7 mm，无毛；苞片 5，新月形，散生于花柄上，无毛，宿存；萼片 5，半圆形至圆形，长4～8 mm，无毛，宿存，花瓣 12，无毛。雄蕊近离生，花丝无毛；子房无毛，花柱 2～3条，无毛。蒴果扁圆形，2～3 室，室间凹入成沟状 2～3 条，三角扁球形或哑铃形，高1.8 cm，宽 3 cm，每室有种子 1～2 粒，果爿厚 1～1.5 mm，有宿存苞片及萼片。种子球形，宽 1.5 cm。花期 1 月。

产地生境： 分布于广西。生于石灰岩山地常绿林。

功用价值： 凹脉金花茶花色艳丽，形态美观，具有很高的观赏价值。

致危因素： 生境破坏严重，采挖严重。

毛籽金花茶 *Cemellia ptilosperma* S. Yun Liang et Q. D. Chen

科属： 山茶科（Theaceae）、山茶属（*Camellia*）

物种保护： 国家Ⅱ级

CITES（2023）	IUCN（2025–1）	极小种群	中国生物多样性红色名录—高等植物卷（2020）	中国珍稀濒危植物图鉴	中国珍稀濒危植物信息系统"受威胁物种信息"

形态特征： 常绿木本，嫩枝红褐色，无毛，老枝黄褐色。嫩叶紫红色，无毛，老叶绿色，椭圆形或长椭圆形，先端急尖或尾状渐尖，基部圆形或阔楔形。花单生或两朵腋生或顶生，花蕾期表面紫红色或淡红色，开放后呈黄色带紫斑，花径 3.5～4.5 cm，花瓣 8～12，椭圆形或倒卵形；子房近球形，无毛；花柱 3 条，完全分离，无毛。蒴果三角状扁球形，3 室；种子黑褐色，密被柔毛。

产地生境： 分布于广西。生于海拔 190～230 m 的石灰岩山坡的常绿阔叶林下。

功用价值： 毛籽金花茶四季开花，不仅观赏价值极高，更因其盛花期在夏季，而此时正是其他茶花无花或少花的季节，其所蕴藏的夏季开花的宝贵基因，是培育反季节开花的茶花新品种不可多得的杂交种质材料。

致危因素： 生境退化或丧失破坏严重，直接采挖或砍伐。

贵州金花茶 *Camellia huana* T. L. Ming et W. J. Zhang

科属： 山茶科（Theaceae）、山茶属（*Camellia*）

物种保护： 国家Ⅱ级

CITES（2023）	IUCN（2025–1）	极小种群	中国生物多样性红色名录—高等植物卷（2020）	中国珍稀濒危植物图鉴	中国珍稀濒危植物信息系统"受威胁物种信息"
	EN		EN 中国特有		EN 中国特有

形态特征： 常绿灌木，高约 3 m，当年生枝细，呈圆柱形，无毛。叶片膜质，椭圆形，长 8.5 ～ 11.5 cm，宽 3.5 ～ 5.3 cm。花 1 ～ 2 朵顶生，淡黄或白色，直径约 3 cm，花梗长 6 ～ 10 mm。蒴果扁球形，高 1.5 ～ 3.2 cm，直径 3 ～ 5 cm，无毛，果瓣厚 0.5 ～ 1.1 mm。种子密被黄褐色长绒毛或丝毛。

产地生境： 分布于贵州、广西。喜阴、趋肥，生长于山谷、沟边和近沟的斜坡地带。

功用价值： 贵州金花茶适合观赏，花可作花茶。

致危因素： 生境破坏严重，种群分布面积小，且呈持续下降趋势。

金花茶 *Camellia petelotii*（Merr.）Sealy

别名： 亮叶离蕊茶

科属： 山茶科（Theaceae）、山茶属（*Camellia*）

物种保护： 国家Ⅱ级

CITES（2023）	IUCN（2025-1）	极小种群	中国生物多样性红色名录——高等植物卷（2020）	中国珍稀濒危植物图鉴	中国珍稀濒危植物信息系统"受威胁物种信息"
	EN		CR		VU

形态特征： 常绿灌木，高1～2 m，树皮黄褐色。叶革质，长6～9.5 cm，宽2.5～4 cm，先端钝尖，基部宽楔形，上下两面无毛，边缘具细锯齿，或近全缘，叶柄长5～7 mm。花单生于叶腋，直径2.5～4 cm，黄色；苞片4～6，半圆形，长2～3 mm，外面无毛，内面被白色短柔毛；萼片5，近圆形，长4～10 mm，无毛，但内侧有短柔毛；花瓣10～13，外轮近圆形，长1.5～1.8 cm，宽1.2～1.5 cm，无毛，内轮呈倒卵形或椭圆形，长2.5～3 cm，宽1.5～2 cm；雄蕊多数，外轮花丝连成短管，长1～2 mm；子房3室，无毛，花柱3条，长1.8～2 cm，分离。花期12月至翌年3月。

产地生境： 分布于广西。生于石灰岩山地常绿林。

功用价值： 金花茶的花色金黄，观赏价值高。叶子和花均能加工，其中以花朵加工成花茶最为常见；此外，金花茶富含茶多酚、黄酮类化合物、多糖、皂苷及多种矿质元素，有重要的保健作用。

致危因素： 生境退化或丧失；直接采挖或砍伐。

小果金花茶 Camellia petelotii var. microcarpa（S. L. Mo & S. Z. Huang）T. L. Ming et W. J. Zhang

科属： 山茶科（Theaceae）、山茶属（*Camellia*）

物种保护： 国家Ⅱ级

CITES（2023）	IUCN（2025-1）	极小种群	中国生物多样性红色名录——高等植物卷（2020）	中国珍稀濒危植物图鉴	中国珍稀濒危植物信息系统"受威胁物种信息"
			CR 中国特有		EN 中国特有

形态特征： 常绿灌木，高 2 ～ 3 m。叶椭圆形，长 10 ～ 14 cm，宽 4 ～ 6 cm，直径 2 ～ 3 cm，花柄较短，长约 5 mm，小苞片约有 6 枚，萼片里面被白色柔毛。蒴果近球形或三角状扁球形，直径为 1.5 ～ 2.5 cm。

产地生境： 分布于广西南宁一带。喜暖湿气候，喜排水良好的酸性土壤及半阴条件。

功用价值： 小果金花茶花瓣呈金黄色，在观赏茶花类群中，花色较为独特，具有很高的观赏价值；其花、叶作为民间传统中草药，富含多种有效药理成分；种子含油，可食用；木材结构致密坚硬。

致危因素： 生境退化或丧失；直接采挖或砍伐。

天峨金花茶 *Camellia tianeensis* S. Yun Liang et Y. T. Luo

科属： 山茶科（Theaceae）、山茶属（*Camellia*）

物种保护： 国家Ⅱ级

CITES（2023）	IUCN（2025–1）	极小种群	中国生物多样性红色名录—高等植物卷（2020）	中国珍稀濒危植物图鉴	中国珍稀濒危植物信息系统"受威胁物种信息"

形态特征： 常绿灌木。叶片长 6.5 ～ 13.5（16.5）cm，宽 3.5 ～ 6.5（8.5）cm；侧脉 6 ～ 7 对，中脉和网脉在叶面微下陷或不明显，在叶背面均明显凸起。花通常单生，花蕾期表面呈紫红色或淡红色，开放后呈淡黄色；花梗较短，长 5 ～ 8 mm，种子褐色，密被黄褐色柔毛而易于识别。有早花和晚花两种类型，早花型天峨金花茶在 10 月中旬前后开始开花，晚花型在 12 月下旬前后开始开花。

产地生境： 零星分布于广西天峨县六排镇、向阳镇、八腊乡、下老乡和坡结乡。生于海拔 350 ～ 450 m 的石灰岩钙质土。

功用价值： 天峨金花茶具有较高的观赏价值和药用保健功能。

致危因素： 分布范围十分狭窄，区域性强，由于人类掠夺性采挖、砍伐，使本就不多的天峨金花茶数量进一步减少。

（三十六）安息香科

狭果秤锤树 *Sinojackia rehderiana* Hu

别名： 江西秤锤树

科属： 安息香科（Styracaceae）、秤锤树属（*Sinojackia*）

物种保护： 国家Ⅱ级

CITES（2023）	IUCN（2025-1）	极小种群	中国生物多样性红色名录—高等植物卷（2020）	中国珍稀濒危植物图鉴	中国珍稀濒危植物信息系统"受威胁物种信息"
			EN 中国特有		EN 中国特有

形态特征： 落叶小乔木或灌木状，高 5 m。叶纸质，倒卵状椭圆形，长 5～9 cm，宽 3～4 cm，先端尖或钝，基部楔形，具硬质锯齿；生于花枝基部的叶片为卵形，长 2～3.5 cm，宽 1.5～2 cm，基部圆形或稍心形；嫩叶两面均密被星状短柔毛，成长后仅叶脉被星状短柔毛，其余常脱落而变为无毛。花序顶生，有 4～6 花；花白色；花梗长达 2 cm；萼筒倒圆锥形，萼齿 5～6，三角形；花冠 5～6 裂，裂片呈卵状椭圆形；雄蕊 10～13，近等长或稍不等。果椭圆状圆柱形，具长渐尖的喙，连喙长 2～2.5 cm，皮孔浅棕色。种子褐色。花期 4～5 月，果期 7～9 月。

产地生境： 分布于江西（南昌）、湖南（宜章）和广东（乳源）。生于林中或灌丛中。

功用价值： 狭果秤锤树具有观赏价值；分布范围狭窄，且数量很少，大多处于濒危或受胁迫状态，该种在研究安息香科的地理起源上具有重要的意义。

致危因素： 生境破坏严重，居群数量下降大于 80%。

秤锤树 *Sinojackia xylocarpa* Hu

别名：捷克木

科属：安息香科（Styracaceae）、秤锤树属（*Sinojackia*）

物种保护：国家Ⅱ级

CITES（2023）	IUCN（2025-1）	极小种群	中国生物多样性红色名录—高等植物卷（2020）	中国珍稀濒危植物图鉴	中国珍稀濒危植物信息系统"受威胁物种信息"
	VU		EN 中国特有	收录	EN 中国特有

形态特征：落叶乔木，高 6 m。叶椭圆形至椭圆状卵形，长 3～7 cm；叶柄长 3～5 mm。聚伞花序腋生，疏具 3～5 花，形似总状花序；花为白色，直径约 1.5 cm，花梗长达 3 cm，顶有关节；花冠裂片 6～7，长 8～12 mm；雄蕊 12～14，长约 4 mm；子房半下位。果卵形，木质，长 2～2.5 cm，直径 1～1.3 cm，具钝或尖的圆锥状的喙，有 1 颗种子。

产地生境：分布于江苏、浙江、上海、湖北、山东。生于海拔 500～800 m 的林缘或疏林中。

功用价值：秤锤树花白如雪，可以点缀庭园；秋季果实累累，形似秤锤，果序下垂，随风摆动，颇为独特，有很高的观赏价值。秤锤树属为中国所特有，对于研究安息香科的系统发育具有科学意义。

致危因素：生境破坏严重，居群数量下降大于 80%。

黄梅秤锤树 *Sinojackia huangmeiensis* J. W. Ge et X. H. Yao

科属： 安息香科（Styracaceae）、秤锤树属（*Sinojackia*）

物种保护： 国家Ⅱ级

CITES（2023）	IUCN（2025-1）	极小种群	中国生物多样性红色名录—高等植物卷（2020）	中国珍稀濒危植物图鉴	中国珍稀濒危植物信息系统"受威胁物种信息"
			EN 中国特有	收录	VU 中国特有

形态特征： 落叶乔木，高达 3 ~ 4 m；树干多刺，树皮竖直开裂和剥落。单叶，互生，纸质；花枝基部的叶片呈卵形，其他叶片呈宽卵形到卵形、狭卵形，边缘有锯齿；叶背面沿脉疏生星状短柔毛，后脱落。总状花序，4 ~ 6 花；花冠白色，深 5 ~ 7 裂；裂片覆瓦状，宽卵形，先端稍骤尖。果卵球形，具喙，灰棕色，直径 16 ~ 18 mm，喙 3 ~ 4 mm；外果皮密被皮孔；中果皮海绵状；内果皮木质。种子 1 ~ 2；种皮光滑；胚乳肉质。

产地生境： 分布于湖北黄梅。生于湖边灌丛。

功用价值： 黄梅秤锤树具有观赏价值；对研究安息香科的系统发育、地区植物区系及生物多样性方面具有重要意义。

致危因素： 自然灾害；生境退化或丧失。

长果秤锤树 *Sinojackia dolichocarpa* C. J. Qi

别名：长果安息香

科属：安息香科（Styracaceae）、秤锤树属（*Sinojackia*）

物种保护：国家Ⅱ级

CITES（2023）	IUCN（2025−1）	极小种群	中国生物多样性红色名录—高等植物卷（2020）	中国珍稀濒危植物图鉴	中国珍稀濒危植物信息系统"受威胁物种信息"
	VU		EN 中国特有	收录	EN 中国特有

形态特征：落叶乔木，树皮平滑，不开裂；当年生小枝红褐色，二年生枝暗褐色；冬芽细小，有灰褐色星状柔毛。叶片薄纸质，边缘有细锯齿，叶柄上面有沟槽，疏被灰色星状长柔毛。总状聚伞花序生于侧生小枝上，花梗被灰色绵毛状长柔毛；花冠4深裂。果实倒圆锥形，具8条纵脊，密被灰褐色长柔毛和极短的星状毛，喙长渐尖，下部渐狭延伸成柄状。果梗纤细，顶端具关节，果实常自关节上脱落，外果皮与木栓质的中果皮合生，内果皮木质，坚硬。

产地生境：分布于湖南石门、桑植。生于低山山腰、山谷及水溪边常绿阔叶林中或林绿。

功用价值：长果秤锤树形态特殊，在学术研究上颇有价值。此树花黄白色，颇鲜艳，果硕长，形态特殊，可引种为庭园观赏树。

致危因素：生境退化或丧失；物种内在因素。

（三十七）茜草科

香果树 *Emmenopterys henryi Oliv.*

别名： 丁木、大叶水桐子、水冬瓜

科属： 茜草科（Rubiaceae）、香果树属（*Emmenopterys*）

物种保护： 国家Ⅱ级

CITES （2023）	IUCN （2025-1）	极小 种群	中国生物多样性红色名录— 高等植物卷（2020）	中国珍稀濒危 植物图鉴	中国珍稀濒危植物信息系统 "受威胁物种信息"
			NT 中国特有	收录	

形态特征： 落叶大乔木，高达 30 m。叶对生，有长柄，革质，宽椭圆形至宽卵形，长达 20 余厘米，顶端急尖或骤然渐尖；托叶大，三角状卵形，早落。聚伞花序排成顶生大型圆锥花序状，常疏松；花大、黄色，5 数，有短梗；花萼近陀螺状，裂片顶端截平；花冠漏斗状，长约 2 cm，裂片覆瓦状排列。蒴果近纺锤状，成熟时红色，室间开裂为 2 果瓣。种子很多，小而有阔翅。

产地生境： 分布于陕西、甘肃、江苏、安徽、浙江、江西、福建、河南、湖北、湖南、广西、四川、贵州、云南东北部至中部。生于海拔 430～1 630 m 处的山谷林中，喜湿润而肥沃的土壤。

功用价值： 香果树的树干高耸，花美丽，可作为庭园观赏树。树皮纤维柔细，是制蜡纸及人造棉的原料。木材无边材和心材的明显区别，纹理直，结构细，供制家具和建筑用。耐涝，可作为固堤植物。

致危因素： 生境破坏严重，树种自身种子萌发率低，自然更新能力差。

（三十八）忍冬科

七子花 ① *Heptacodium miconioides* Rehder

科属：忍冬科（Caprifoliaceae）、七子花属（*Heptacodium*）

物种保护：国家Ⅱ级

CITES（2023）	IUCN（2025-1）	极小种群	中国生物多样性红色名录—高等植物卷（2020）	中国珍稀濒危植物图鉴	中国珍稀濒危植物信息系统"受威胁物种信息"
	VU		VU 中国特有	收录	EN 中国特有

形态特征：落叶灌木或小乔木，高可达 7 m。树皮灰白色，片状剥落。叶片厚纸质，卵形或矩圆状卵形，长 8～15 cm，宽 4～8.5 cm，顶端长尾尖，基部钝圆或略呈心形。圆锥花序近似塔形，长 8～15 cm；花序分枝开展，小花序头状；花芳香；萼裂片长 2～2.5 mm，密被刺刚毛；花冠长 1～1.5 cm，外面密生倒向短柔毛。果实长 1～1.5 cm，具 10 枚条棱。

产地生境：分布于湖北兴山县，浙江天台山、四明山、义乌北山、昌化汤家湾及安徽泾县和宣城等地区。生于海拔 600～1 000 m 的悬崖峭壁、山坡灌丛和林下。

功用价值：七子花是单种属植物，为我国特有物种，对研究忍冬科系统发育有科学价值，又是优良的观赏树木。

致危因素：种子萌发率低，生境破坏严重，直接采挖或砍伐。

---

①《浙江植物志》（2021 版）把产于浙江天台等地区的该种群体视作七子花的亚种——浙江七子花（*H.miconioides* subsp.*jasmioides*）。两者的主要区别是：浙江七子花的叶片长宽比例比较大，叶形偏长；七子花叶片形状偏圆。根据这个观点，本校的为浙江七子花。

二、校内其他珍稀濒危植物

（一）瓶尔小草科

瓶尔小草 *Ophioglossum vulgatum* L.

别名：一支枪、一支箭、矛盾草、蛇须草、蛇咬子

科属：瓶尔小草科（Ophioglossaceae）、瓶尔小草属（*Ophioglossum*）

物种保护：海南省、重庆市[①]重点保护野生植物

CITES（2023）	IUCN（2025–1）	极小种群	中国生物多样性红色名录——高等植物卷（2020）	中国珍稀濒危植物图鉴	中国珍稀濒危植物信息系统"受威胁物种信息"
	LC		LC		

形态特征：多年生小型草本，根状茎短而直立，具一簇肉质粗根。叶通常单生，总叶柄长 6～9 cm，深埋土中。营养叶卵状长圆形或狭卵形，先端钝圆或急尖，基部急剧变狭并稍下延，无柄，全缘，网状脉明显。孢子叶长 9～18 cm 或更长，较粗壮，自营养叶基部生出，孢子穗长 2.5～3.5 cm，宽约 2 mm，先端尖，远超出于营养叶之上。

产地生境：产于中国南方各省，在欧洲、亚洲、美洲地区均有分布。喜生长于气温低、湿度大的山地草坡、河岸、沟边、林下或温泉附近，耐瘠薄，适应性强，石砾地或岩石缝也能生长。

功用价值：瓶尔小草以全草入药，是一味重要的中药，具有清热解毒和消肿止痛功效。株型优美，可引种用于湖畔、河岸、池边等湿地绿化的地被植物。

[①] 在国家重点保护野生植物名录（第二批）公布后，许多省（区、市）也随之调整了地方保护名录，本书采用调整后的名录。

（二）水龙骨科

槲蕨 *Drynaria roosii* Nakaike

科属： 水龙骨科（Polypodiaceae）、槲蕨属（*Drynaria*）

物种保护： 广西壮族自治区重点保护野生植物

CITES（2023）	IUCN（2025-1）	极小种群	中国生物多样性红色名录—高等植物卷（2020）	中国珍稀濒危植物图鉴	中国珍稀濒危植物信息系统"受威胁物种信息"
			LC		

形态特征： 附生草本植物，高 20～40 cm。根状茎肉质粗壮，长而横走，密被棕黄色、线状齿形鳞片。叶二型，营养叶厚革质，红褐色或灰褐色，卵形，无柄，长 5～6.5 cm，宽 4～5.5 cm，边缘羽状浅裂，很像槲树叶；孢子叶绿色，具短柄，柄有翅，叶片呈矩圆形，长 20～37 cm，宽 8～18.5 cm，羽状深裂。孢子囊群圆形，黄褐色，在中脉两侧各排列成 2～4 行。

产地生境： 分布于中国江苏、安徽、江西、浙江、福建、台湾、海南、湖北、湖南、广东、广西、四川、重庆、贵州、云南。附生于树干或石上，偶生长于墙缝。

功用价值： 槲蕨的根茎可供药用，具有补肾、活血、止血等功效，也可治疗跌打损伤、牙疼等。观赏价值较高，常用以制作吊篮（盆），也可以栽种在树干上或岩石上，富有野趣。

（三）柏科

圆柏 *Juniperus chinensis* Roxb.

别名：桧柏

科属：柏科（Cupressaceae）、刺柏属（*Juniperus*）

物种保护：浙江省重点保护野生植物

CITES （2023）	IUCN （2025-1）	极小 种群	中国生物多样性红色名录— 高等植物卷（2020）	中国珍稀濒危 植物图鉴	中国珍稀濒危植物信息系统 "受威胁物种信息"
	LC		LC		

形态特征：常绿乔木。树皮灰褐色，长条状剥离。小枝直立或斜生，大枝常扭曲延伸。叶二型，通常幼树全为刺形叶，大树兼具刺形、鳞形叶，老树则全为鳞形；刺形叶 3 枚轮生或对生，鳞形叶交互对生。雌雄异株，球果呈球形。

产地生境：分布于内蒙古乌拉山、河北、山西、山东、江苏、浙江、福建、安徽、江西、河南、陕西南部、甘肃南部、四川、湖北西部、湖南、贵州、广东、广西北部及云南。生于中性土、钙质土及微酸性土上；喜光，耐阴；对气候、土壤要求不严。

功用价值：圆柏的树形圆整端正，四季常青，是寺庙、陵墓、庭园等处常用的树种。寿命长，枝条韧性好，适于造型，是盆景常用材料。耐修剪、耐阴性好，适用于作为绿篱栽培；也可修剪成球形及各种奇特的造型，应用于各类绿地。

（四）松科

油杉 *Keteleeria fortunei*（A. Murray bis）Carrière

别名： 海罗松、杜松、松梧

科属： 松科（Pinaceae）、油杉属（*Keteleeria*）

物种保护： 浙江省、江西省重点保护野生植物

CITES （2023）	IUCN （2025-1）	极小 种群	中国生物多样性红色名录— 高等植物卷（2020）	中国珍稀濒危 植物图鉴	中国珍稀濒危植物信息系统 "受威胁物种信息"
	NT		VU		VU

形态特征： 常绿乔木，高达 30 m，胸径可达 1 m；树皮粗糙，暗灰色，纵裂，枝条开展，树冠塔形；一年生枝干后为橘红色或淡粉红色，二至三年生枝干后为淡黄灰色。叶条形，在侧枝上排成两列，先端圆或钝，基部渐窄，上面光绿色，无气孔线，下面淡绿色，沿中脉每边有 12 ～ 17 条气孔线；幼枝或萌生枝的叶先端有渐尖的刺状尖头。球果圆柱形，成熟前绿色或淡绿色，微有白粉，成熟时淡褐色，中部的种鳞宽圆形或上部宽圆下部宽楔形，边缘向内反曲，鳞背露出部分无毛。种翅中上部较宽，下部渐窄。

产地生境： 中国特有种，分布于浙江南部、福建、广东、广西南部沿海山地。喜温暖湿润，常生于海拔 400 ～ 1200m 的红黄壤山地或钙质土地区。

功用价值： 油杉木材坚实耐用，可供建筑、家具等用材。可作为东南沿海山区的造林树种，又可作为园林树用。

致危因素： 直接采挖或砍伐。

（五）罗汉松科

竹柏 *Nageia nagi*（Thunb.）Kuntze

别名： 大果竹柏、猪肝树、铁甲树、宝芳、船家树、糖鸡子、山杉、椤树、罗汉柴

科属： 罗汉松科（Podocarpaceae）、竹柏属（*Nageia*）

物种保护： 浙江省、湖南省、江西省重点保护野生植物

CITES（2023）	IUCN（2025-1）	极小种群	中国生物多样性红色名录——高等植物卷（2020）	中国珍稀濒危植物图鉴	中国珍稀濒危植物信息系统"受威胁物种信息"
	NT		EN		EN

形态特征： 常绿乔木，高可达 20 m，树皮近平滑，红褐或暗紫红色，呈小块薄片脱落。枝条开展。叶革质，长卵形，有多数并列的细脉，无中脉，长 2～9 cm，宽 0.7～2.5 cm，上部渐窄，基部楔形或宽楔形，向下窄呈柄状；雄球花呈穗状圆柱形，单生叶腋，常呈分枝状，总梗粗短，基部有少数三角状苞片；雌球花单生叶腋，稀成对腋生，基部有数枚苞片。种子圆球形，直径 1.2～1.5 cm，成熟时假种皮暗紫色，有白粉色。

产地生境： 产于浙江、福建、江西、湖南、广东、广西、四川等地区，日本也有分布。其垂直分布自海岸以上丘陵地区，上达海拔 1600m 之高山地带，往往与常绿阔叶树组成森林。

功用价值： 树干通直，是难得的适合在建筑物北侧等光线弱处生长的乔木。常地栽应用，也可盆栽欣赏。

（六）睡莲科

睡莲 *Nymphaea tetragona* Georgi

别名：水百合、子午莲

科属：睡莲科（Nymphaeaceae）、睡莲属（*Nymphaea*）

物种保护：浙江省、福建省、湖南省、广东省、河北省、新疆维吾尔自治区重点保护野生植物

CITES（2023）	IUCN（2025-1）	极小种群	中国生物多样性红色名录—高等植物卷（2020）	中国珍稀濒危植物图鉴	中国珍稀濒危植物信息系统"受威胁物种信息"
	LC		LC		

形态特征：浮水型宿根草本。根状茎粗短，横生于淤泥中。叶纸质，丛生，卵圆形，长 5 ~ 12 cm，宽 3.5 ~ 9 cm，全缘，基部具深弯缺，约占叶片全长的 1/3，裂片急尖；具细长叶柄，浮于水面；叶面深绿色，有光泽；两面皆无毛，具小点。花直径 3 ~ 5 cm；花梗细长；花萼基部四棱形，萼片革质，宽披针形或窄卵形，长 2 ~ 3.5 cm，宿存；花瓣白色，宽披针形、长圆形或倒卵形，长 2 ~ 2.5 cm；雄蕊比花瓣短，花药条形，长 3 ~ 5 mm；柱头具 5 ~ 8 辐射线。

产地生境：睡莲在中国广泛分布，俄罗斯、朝鲜、日本、印度、越南、美国均有。生于池沼中，喜阳光，通风良好，对土质要求不严。

功用价值：睡莲叶浮于水面，圆润青翠，花色丰富，绚丽多彩，为花叶俱美的水生观赏植物，适宜于布置水景园或盆栽观赏，也可以剪取花枝用于插花。

（七）木兰科

景宁玉兰 *Yulania sinostellata*（P.L.Chiu & Z.H.Chen）D.L.Fu

别名： 景宁木兰

科属： 木兰科（Magnoliaceae）、玉兰属（*Yulania*）

物种保护： 浙江省重点保护野生植物

CITES（2023）	IUCN（2025–1）	极小种群	中国生物多样性红色名录——高等植物卷（2020）	中国珍稀濒危植物图鉴	中国珍稀濒危植物信息系统"受威胁物种信息"
			CR 中国特有		CR 中国特有

形态特征： 落叶灌木，丛生，高可达 5.8 m，小枝略细，疏生皮孔。当年生及前一年小枝绿色，老枝灰褐色。叶椭圆形至倒卵状椭圆形，长 7～12 cm，宽 2.5～4 cm；叶片上面无毛，下面无毛或沿着脉腋有白色柔毛，中脉在上面微凹。花先叶开放，初开时为紫红色至淡红色，株间存在较大的差异。聚合果圆柱状，长 4～6 cm，常因部分心皮发育不良而弯曲。

产地生境： 分布于浙江松阳县牛头山、温州雁荡山、丽水景宁县及丽水莲地区的山林中。主要生长于海拔 900 m 以上的落叶阔叶林、杉木林、黄山松林、林缘沟边和灌丛中。

功用价值： 景宁玉兰花期早、花型美观、花色艳丽，具有很高的园林观赏价值，富含辛夷有效成分，具有很高的药用价值。

致危因素： 分布面积狭小，一般年份不结果或结果很少。

天目玉兰 *Yulania amoena*（W. C. Cheng）D. L. Fu

别名：天目木兰

科属：木兰科（Magnoliaceae）、玉兰属（*Yulania*）

物种保护：浙江省、安徽省、江西省、江苏省重点保护野生植物

CITES（2023）	IUCN（2025-1）	极小种群	中国生物多样性红色名录—高等植物卷（2020）	中国珍稀濒危植物图鉴	中国珍稀濒危植物信息系统"受威胁物种信息"
	VU		VU 中国特有		VU 中国特有

形态特征：落叶乔木，高可达 20 m。小枝无毛；芽被灰白色平伏毛。叶宽倒披针形或倒披针状椭圆形，先端渐尖或尾尖，幼叶下面叶脉及脉腋被白色弯曲长毛，花梗密被白色平伏长柔毛，花被片9，倒披针形或匙形，花丝紫红色；雌蕊群圆柱形。聚合果圆柱形，种子心形。

产地生境：分布于浙江的天目山、龙泉、遂昌。生于海拔 700～1 000 m 的树林中。

功用价值：天目玉兰先花后叶，盛开时满树红艳，是春季优良的观赏树种，可在风景区及大型公园的山麓、溪边、林缘丛植或群植。也适宜在路边、草坪、亭台前后、漏窗内外、湖畔石旁、庭园一隅点缀一二。花蕾可代替辛夷入药。花可用作佐料，增加食品的色、味。木材质量较好，可作为家具、农具等用材。

致危因素：直接采挖或砍伐。

望春玉兰 *Yulania biondii*（Pamp.）D. L. Fu

别名：望春木兰、望春花

科属：木兰科（Magnoliaceae）、玉兰属（*Yulania*）

物种保护：河南省、重庆市重点保护野生植物

CITES（2023）	IUCN（2025–1）	极小种群	中国生物多样性红色名录—高等植物卷（2020）	中国珍稀濒危植物图鉴	中国珍稀濒危植物信息系统"受威胁物种信息"
			LC 中国特有		

形态特征：落叶乔木，高可达 12 m。小枝细长，无毛；顶芽密被淡黄色开展长柔毛。叶椭圆状披针形、卵状披针形、窄倒卵形或卵形，先端骤尖或短渐尖，基部宽楔形或圆形，边缘干膜质，下面初被平伏绵毛，后无毛，侧脉 10 ～ 15 对；托叶痕为叶柄长的 1/5 ～ 1/3。花梗顶端膨大，具 3 苞片痕；花被片为 9 枚，外轮 3 片，紫红色，近窄倒卵状条形，长约 1 cm，中内两轮近匙形，白色，外面中下部常呈紫红色。聚合果圆柱形，常因部分不育而扭曲。

产地生境：原分布于华中及四川、陕西、甘肃。生于海拔 600 ～ 2 100 m 的林间。

功用价值：望春玉兰花蕾入药称"辛夷"，是我国传统的珍贵中药材，能散风寒、通肺窍，有收敛、降压、镇痛、杀菌等作用，对治疗头痛、感冒、鼻炎、肺炎、支气管炎等有特殊疗效。早春花先叶开放，是优良的庭园绿化树种。是玉兰属树种的常用砧木。

金叶含笑 *Michelia foveolata* Merr. ex Dandy

别名： 亮叶含笑、长柱含笑、灰毛含笑、金叶白兰、广东白兰花、黄心树

科属： 木兰科（Magnoliaceae）、含笑属（*Michelia*）

物种保护： 江西省、海南省重点保护野生植物

CITES（2023）	IUCN（2025-1）	极小种群	中国生物多样性红色名录—高等植物卷（2020）	中国珍稀濒危植物图鉴	中国珍稀濒危植物信息系统"受威胁物种信息"
	LC		LC		

形态特征： 常绿乔木，高达 30 m，胸径达 80 cm；树皮淡灰色或深灰色；芽、幼枝、叶柄、叶背、花梗密被红褐色短绒毛。叶厚革质，长圆状椭圆形、椭圆状卵形或阔披针形，长 17 ～ 23 cm，宽 6 ～ 11 cm，先端渐尖或短渐尖，基部阔楔形，圆钝或近心形，通常两侧不对称，上面深绿色，有光泽，下面被红铜色短绒毛，侧脉每边 16 ～ 26 条，末端纤细，直至近叶缘开叉网结，网脉致密；叶柄长 1.5 ～ 3 cm，无托叶痕。花淡黄绿色，基部带紫色，外轮 3 片，阔倒卵形，中、内轮倒卵形，较狭小；聚合果长 7 ～ 20 cm；蓇葖长圆状椭圆体形，长 1 ～ 2.5 cm。

产地生境： 分布于贵州东南部、湖北西部（利川）、湖南南部、江西、广东、广西南部、云南东南部，越南北部等地区也有分布。生于海拔 500 ～ 1 800 m 的阴湿林中。

功用价值： 金叶含笑木材纹理直，结构细，可供建筑、家具、细木工、造船等用材。幼枝、顶芽及叶背兼被黄褐色绒毛，当风吹动时，全树一片金黄，是优良的绿化树种。

黄心夜合 *Michelia martini*（H. Lév.）Finet & Gagnep. ex H. Lév.

别名：黄心含笑、长蕊含笑

科属：木兰科（Magnoliaceae）、含笑属（*Michelia*）

物种保护：重庆市、湖南省、河南省重点保护野生植物

CITES （2023）	IUCN （2025-1）	极小 种群	中国生物多样性红色名录— 高等植物卷（2020）	中国珍稀濒危 植物图鉴	中国珍稀濒危植物信息系统 "受威胁物种信息"
	LC				VU

形态特征：常绿乔木，高可达 20 m。树皮灰色，平滑；嫩枝榄青色，小枝无毛，老枝褐色，疏生皮孔。芽卵圆形或椭圆状卵圆形，密被灰黄或红褐色直立长毛。叶革质，倒披针形或窄倒卵状楠圆形，长 12 ～ 18 cm，先端骤尖或短尾尖，基部楔形或宽楔形，上面深绿色，有光泽，两面无毛，中脉凹下；叶柄长 1.5 ～ 2 cm，无托叶痕。花梗粗短，长约 7 mm，密被黄褐色绒毛；花淡黄色、芳香，花被片 6 ～ 8，淡黄色。聚合果长 9 ～ 15 cm，扭曲，蓇葖果长 1 ～ 2 cm。

产地生境：分布于河南南部、湖北西部、四川中部和南部、贵州、云南东北部。多生于海拔 500 ～ 2 000 m 处的阔叶林中。

功用价值：黄心夜合可作为山地的造林树种。可作为行道树和庭园树种。花可提取芳香油。

巴东木莲 *Manglietia patungensis* Hu

科属：木兰科（Magnoliaceae）、木莲属（*Manglietia*）

物种保护：湖南省、重庆市重点保护野生植物，湖北省极小种群野生植物

CITES （2023）	IUCN （2025—1）	极小种群	中国生物多样性红色名录——高等植物卷（2020）	中国珍稀濒危植物图鉴	中国珍稀濒危植物信息系统"受威胁物种信息"
	EN		VU 中国特有		VU 中国特有

形态特征：常绿乔木，高达 25 m，胸径可达 1.4 m；树皮淡灰褐色带红色；小枝淡灰褐色。叶薄革质，倒卵状椭圆形，基部楔形。两面无毛，上面绿色，有光泽，下面淡绿色；叶面中脉凹下；叶柄长 2.5 ～ 3 cm。花白色，有芳香，直径 8.5 ～ 11 cm。聚合果圆柱状椭圆形，淡紫红色。蓇葖露出面具点状凸起。

产地生境：分布于湖北西部（巴东、利川）、四川（合江）、重庆（南川）及湖南。生于海拔 600 ～ 1 000 m 的密林中。

功用价值：巴东木莲花大叶美，是极好的行道树和庭园树种。树皮为中药厚朴代用品。

致危因素：生境退化或丧失。

亮叶木莲 *Manglietia lucida* B. L. Chen & S. C. Yang

科属： 木兰科（Magnoliaceae）、木莲属（*Manglietia*）

物种保护： 云南省重点保护野生植物

CITES（2023）	IUCN（2025-1）	极小种群	中国生物多样性红色名录——高等植物卷（2020）	中国珍稀濒危植物图鉴	中国珍稀濒危植物信息系统"受威胁物种信息"
	EN		EN 中国特有		EN 中国特有

形态特征： 常绿大乔木，有板根，高可达 18 m，胸径达 65 cm。嫩枝灰色，密被伏贴锈毛。单叶互生，平滑，全缘，革质，长圆状倒卵形，先端急尖，两面无毛，上面光亮，深绿色，下面淡绿色，长 27～44 cm，宽 11～16 cm；托叶和叶柄离生。花单朵顶生，两性。种子每心皮 1～3 颗，红色，种子呈假种皮状，悬垂于丝状的珠柄上。

产地生境： 分布于云南马关，仅有一个分布地点；生长于海拔为 600～800 m 的常绿阔叶林中。

功用价值： 亮叶木莲树形美观，叶大翠绿。花色艳丽，芳香硕大，花期长、花量大。叶型特征丰富，主要表现在叶片大小、形状、嫩枝、叶片色泽等。新叶、嫩枝色泽从嫩绿、黄绿渐变成朱红均有，红叶期很长，也是很好的彩叶观赏树种。

致危因素： 生境退化或丧失；直接采挖或砍伐。

石山木莲 *Manglietia calcarea* X. H. Song

科属：木兰科（Magnoliaceae）、木莲属（*Manglietia*）

物种保护：

CITES（2023）	IUCN（2025-1）	极小种群	中国生物多样性红色名录—高等植物卷（2020）	中国珍稀濒危植物图鉴	中国珍稀濒危植物信息系统"受威胁物种信息"
			VU 中国特有		VU 中国特有

形态特征：常绿乔木，高达 17 m，胸径达 45 cm。小枝粗壮。叶片通常集生枝顶，革质，倒卵状椭圆形或倒卵状披针形，先端圆，具短尖头，基部渐窄，下延至叶柄；上面绿色，稍有光泽；中脉在上面凹下，侧脉为 14～17 对，干时在叶片上面隆起；叶基部膨大；托叶与叶柄连生，叶柄上托叶痕呈半椭圆形。花白色或粉红色，花被片厚革质，外轮花被片顶端圆，3 轮排列，外轮较大，倒卵状椭圆形，中、内轮稍小，近倒卵状匙形；雄蕊多数；雌蕊群椭圆状卵形，心皮 12～16。果卵状球形，成熟心皮厚木质，椭圆状菱形，沿腹缝线全裂及沿背缝线中部以上开裂，每果瓣有 2～5 颗种子，种子近矩圆形。

产地生境：分布于中国的贵州和广西。生于海拔 550～800 m 的石灰岩山沟谷地常绿林中。

功用价值：石山木莲是石灰岩山比较少有的木莲属树种，适合园林绿化，做庭院观赏树。

致危因素：分布面积狭小，已知分布地点少于 5 个，生境明显退化。

观光木 *Michelia odora*（Chun）Noot. & B. L. Chen

别名：香花木、香木楠、宿轴木兰

科属：木兰科（Magnoliaceae）、含笑属（*Michelia*）

物种保护：海南省、湖南省、江西省、贵州省、广东省、广西壮族自治区重点保护野生植物

CITES（2023）	IUCN（2025-1）	极小种群	中国生物多样性红色名录—高等植物卷（2020）	中国珍稀濒危植物图鉴	中国珍稀濒危植物信息系统"受威胁物种信息"
	VU		VU	收录	VU

形态特征：常绿乔木，高达 25 m，树皮淡灰褐色，具深皱纹；小枝、芽、叶柄、叶面中脉、叶背和花梗均被覆着黄棕色糙伏毛。叶厚膜质，倒卵状椭圆形。花蕾的佛焰苞状苞片一侧开裂，芳香；花被片象牙黄色，有红色小斑点，花丝白色或带红色。聚合果长椭圆体形。种子在每心皮内有 4～6 枚，椭圆体形或三角状倒卵圆形。

产地生境：分布于江西南部、福建、广东、海南、广西、云南东南部。生于海拔 500～1 000 m 的岩山地常绿阔叶林中。

功用价值：观光木树干挺直，树冠宽广，枝叶稠密，花色美丽而芳香，供庭园观赏及行道树种。花可提取芳香油；种子可榨油。异株传粉，单株不结果，云南富宁用此做棺木。

致危因素：生境退化或丧失，自然更新困难。

乐东拟单性木兰 *Parakmeria lotungensis*（Chun et C. H. Tsoong.）Y. W. Law

科属： 木兰科（Magnoliaceae）、拟单性木兰属（*Parakmeria*）

物种保护： 浙江省、海南省、湖南省、江西省、福建省、贵州省、广东省重点保护野生植物

CITES（2023）	IUCN（2025-1）	极小种群	中国生物多样性红色名录—高等植物卷（2020）	中国珍稀濒危植物图鉴	中国珍稀濒危植物信息系统"受威胁物种信息"
	EN		VU 中国特有		VU 中国特有

形态特征： 常绿乔木，高达 30 m，胸径达 30 cm，树皮灰白色；当年生枝绿色。叶革质，花杂性，雄花两性花异株；雄花的花被片 9 ～ 14，外轮 3 ～ 4 片，浅黄色，内 2 ～ 3 轮白色，较狭小。两性花的花被片与雄花同形而较小。聚合果卵状长圆形体或椭圆状卵圆形，种子长 7 ～ 12 mm，宽 6 ～ 7 mm。花期 4 ～ 5 月，果期 8 ～ 9 月。

产地生境： 分布于中国江西、福建、湖南、广东、海南、广西、贵州。生于海拔 700 ～ 1 400 m 的肥沃阔叶林中。

功用价值： 乐东拟单性木兰的花杂性，为木兰科中少见的类群，对研究木兰科植物系统发育有学术价值。树干通直，材质优良；树姿美丽，花大而色美，为珍贵的用材树种和城乡绿化树种。

致危因素： 生境退化或丧失。

（八）蜡梅科

蜡梅 *Chimonanthus praecox*（L.）Link

别名：金梅、蜡花、蜡木、麻木柴、石凉茶、唐梅、香梅、黄梅花

科属：蜡梅科（Calycanthaceae）、蜡梅属（*Chimonanthus*）

物种保护：浙江省、安徽省、陕西省重点保护野生植物

CITES（2023）	IUCN（2025–1）	极小种群	中国生物多样性红色名录—高等植物卷（2020）	中国珍稀濒危植物图鉴	中国珍稀濒危植物信息系统"受威胁物种信息"
	LC		LC 中国特有		

形态特征：落叶灌木，高达4 m；幼枝四方形，老枝近圆柱形，灰褐色，有皮孔；鳞芽通常着生于第二年生的枝条叶腋内，芽鳞片近圆形，覆瓦状排列。叶纸质至近革质，卵圆形，顶端急尖至渐尖，基部宽楔形至圆形。花着生于二年生枝叶腋内，先花后叶，芳香。果托近木质化，坛状或倒卵状椭圆形。

产地生境：分布于山东、江苏、安徽、浙江、福建、江西、湖南、湖北、河南、陕西、四川、贵州、云南等地区，广西、广东等省区均有栽培；生长于山地树林中。

功用价值：蜡梅花芳香美丽，是园林绿化植物，也是常见的盆景材料。根、叶可入药。种子含蜡梅碱。

山蜡梅 *Chimonanthus nitens* Oliv.

别名： 鸡卵果、雪里花、野蜡梅、香风茶、亮叶蜡梅、秋蜡梅、铁筷子、岩马桑、臭蜡梅

科属： 蜡梅科（Calycanthaceae）、蜡梅属（*Chimonanthus*）

物种保护： 陕西省重点保护野生植物

CITES（2023）	IUCN（2025-1）	极小种群	中国生物多样性红色名录—高等植物卷（2020）	中国珍稀濒危植物图鉴	中国珍稀濒危植物信息系统"受威胁物种信息"
	LC		LC 中国特有		

形态特征： 常绿灌木，高 1 ～ 3 m；幼枝四方形，老枝近圆柱形，被微毛，后逐渐无毛。叶纸质至近革质，椭圆形至卵状披针形，少数为长圆状披针形，长 2 ～ 13 cm，宽 1.5 ～ 5.5 cm，顶端渐尖，基部钝至宽楔形，叶面略粗糙，有光泽，基部有不明显的腺毛，叶背无毛，或有时在叶缘、叶脉和叶柄上被短柔毛；叶脉在叶面扁平，在叶背凸起，网脉不明显。花小，直径 7 ～ 10 mm，黄色或黄白色；花被片圆形、卵形、倒卵形、卵状披针形或长圆形，长 3 ～ 15 mm，宽 2.5 ～ 10 mm，外面被短柔毛，内面无毛；雄蕊长 2 mm，花丝短，被短柔毛，花药卵形，向内弯，长圆形，比花丝长，退化雄蕊长 1.5 mm；心皮长 2 mm，基部及花柱基部被疏硬毛。果托坛状，长 2 ～ 5 cm，直径 1 ～ 2.5 cm，口部收缩，成熟时灰褐色，被短绒毛，内藏聚合瘦果。

产地生境： 分布于安徽、浙江、江苏、江西、福建、湖北、湖南、广西、云南、贵州和陕西。生于山地疏林中或石灰岩山地。

功用价值： 山蜡梅花黄色美丽，叶常绿，是良好的园林绿化植物。根可入药，治疗跌打损伤、风湿、劳伤咳嗽、寒性胃痛、感冒头痛、疔疮毒疮等。种子含油脂。

（九）樟科

天目木姜子 *Litsea auriculata* S. S. Chien & W. C. Cheng

科属： 樟科（Lauraceae）、木姜子属（*Litsea*）

物种保护： 浙江省、河南省、安徽省重点保护野生植物

CITES（2023）	IUCN（2025-1）	极小种群	中国生物多样性红色名录—高等植物卷（2020）	中国珍稀濒危植物图鉴	中国珍稀濒危植物信息系统"受威胁物种信息"
	VU		LC 中国特有		VU 中国特有

形态特征： 落叶乔木，高可达 25 m，胸径达 60 cm。树干通直，树皮灰白色，鳞片状，剥落后呈斑状。小枝无毛，一年生小枝栗褐色。叶互生，椭圆形、圆状椭圆形、近心形或倒卵形，先端钝或圆，叶柄长 3 ～ 8 cm，无毛。伞形花序无梗或具短梗。果卵圆形，直径 1.1 ～ 1.3 cm，黑色；果托杯状。

产地生境： 分布于浙江天目山、安徽南部。生于海拔 500 ～ 1 000 m 的树林中。

功用价值： 天目木姜子木材带黄色，重而致密，可供家具等用材。果实和根皮在民间用来治疗寸白虫。叶可外敷治疗伤筋。

致危因素： 生境退化或丧失；直接采挖或砍伐。

檫木 *Sassafras tzumu*（Hemsl.）Hemsl.

别名：半风樟、鹅脚板、花楸树、刷木、黄楸树

科属：樟科（Lauraceae）、檫木属（*Sassafras*）

物种保护：陕西省重点保护野生植物

CITES（2023）	IUCN（2025-1）	极小种群	中国生物多样性红色名录—高等植物卷（2020）	中国珍稀濒危植物图鉴	中国珍稀濒危植物信息系统"受威胁物种信息"
	LC		LC 中国特有		

形态特征：落叶乔木，树皮幼时为黄绿色，平滑，老时变为灰褐色，不规则纵裂；顶芽大，椭圆形；芽鳞近圆形，外面密被黄色绢毛；枝条粗壮，近圆柱形，多少具棱角。叶互生，聚集于枝顶，卵形或倒卵形，先端渐尖，基部楔形，全缘或浅裂，裂片先端略钝，坚纸质，上面绿色，晦暗或略光亮，下面灰绿色，两面无毛或下面尤其是沿脉网疏被短硬毛，羽状脉或离基三出脉。花序顶生，先叶开放。花黄色，雌雄异株；花梗纤细，密被棕褐色柔毛；雄花花被筒极短，花被裂片6，披针形，先端稍钝，外面疏被柔毛，内面近于无毛，能育雄蕊9，呈三轮排列；雌花具退化雄蕊12，排成四轮。果近球形，成熟时蓝黑色而带有白蜡粉，着生于浅杯状的果托上，果梗长1.5～2 cm，上端渐增粗，无毛。果托红色。

产地生境：分布于中国浙江、江苏、安徽、江西、福建、广东、广西、湖南、湖北、四川、贵州及云南。常生长于疏林或密林中，喜温暖湿润。

功用价值：檫木材质优良，细致，耐久，用于造船及上等家具制造。果、叶和根含芳香油，可用于制造油漆。根、叶、树皮均可入药。

（十）兰科

绶草 *Spiranthes sinensis*（Pers.）Ames

别名：盘龙参、红龙盘柱、一线香、义富绶草

科属：兰科（Orchidaceae）、绶草属（*Spiranthes*）

物种保护：陕西省、河北省、山西省、海南省、北京市、新疆维吾尔自治区、内蒙古自治区、宁夏回族自治区重点保护野生植物

CITES（2023）	IUCN（2025-1）	极小种群	中国生物多样性红色名录—高等植物卷（2020）	中国珍稀濒危植物图鉴	中国珍稀濒危植物信息系统"受威胁物种信息"
Ⅱ级	LC		LC		

形态特征：植株高 13～30 cm。根数条，指状，肉质，簇生于茎基部。茎较短，近基部生 2～5 枚叶。叶片宽线形或宽线状披针形，先端急尖或渐尖，基部收狭具柄状抱茎的鞘。花茎直立，上部被腺状柔毛至无毛；总状花序具多数密生的花，长 4～10 cm，呈螺旋状扭转；花苞片卵状披针形，先端长渐尖，下部的长于子房；子房呈纺锤形，扭转，被腺状柔毛，花小，紫红色、粉红色或白色，在花序轴上呈螺旋状排生。本种植物分布甚广，其植物的大小、叶形、花的颜色和花茎上部被毛的有无等常因其分布地区的不同有较大的变化。

产地生境：分布于全国各省区。生于海拔 200～3 400 m 的山坡林下、灌丛下、草地或河滩沼泽草甸中。

功用价值：绶草株型小巧，花期长，粉红色小花绶带状盘旋着生于直立生长的花序轴上，造型别致而美丽，可点缀于草坪观赏，也可作为小型盆栽用于家庭绿化。绶草是我国很重要的一味中草药，具有抗菌、抗氧化、抗肿瘤和抗细胞毒性、抗凝血等多种细胞活性。全草民间作药用，有滋阴益气、凉血解毒、润肺止咳、消炎解毒的效果。

（十一）天门冬科

多花黄精 *Polygonatum cyrtonema* Hua

别名：姜状黄精

科属：天门冬科（Asparagaceae）、黄精属（*Polygonatum*）

物种保护：贵州省重点保护野生植物

CITES （2023）	IUCN （2025-1）	极小 种群	中国生物多样性红色名录— 高等植物卷（2020）	中国珍稀濒危 植物图鉴	中国珍稀濒危植物信息系统 "受威胁物种信息"
			NT 中国特有		

形态特征：多年生草本植物，根状茎肥厚，通常连珠状或结节成块，少有近圆柱形，直径 1～2 cm。茎高 50～100 cm，通常具 10～15 枚叶。叶互生，椭圆形、卵状披针形至矩圆状披针形，少有稍作镰状弯曲，长 10～18 cm，宽 2～7 cm，先端尖至渐尖。伞形花序，具（1）2～7（14）花，总花梗长 1～4（6）cm，花梗长 0.5～1.5（3）cm；苞片微小，位于花梗中部以下，或不存在；花被黄绿色，全长 18～25 mm，裂片长约 3 mm。浆果黑色，直径约 1 cm，具 3～9 颗种子。花期 5～6 月，果期 8～10 月。

产地生境：分布于湖南、湖北、安徽、贵州、河南、江西、安徽、江苏、浙江、福建、广东及广西。生于海拔 500～1 200 m 的林下、灌丛或山坡阴处。

功用价值：多花黄精的根状茎味甘甜，食用爽口。可作药用，含有黄精多糖等多种药效成分，能有效提高人体内的细胞 SOD 活性和机体免疫力，并有较好的降血脂功能。

（十二）禾本科

小蓬竹 *Ampelocalamus luodianensis* T. P. Yi & R. S. Wang

别名： 藤竹、竹麻、小篷竹

科属： 禾本科（Poaceae）、悬竹属（*Ampelocalamus*）

物种保护：

CITES（2023）	IUCN（2025-1）	极小种群	中国生物多样性红色名录—高等植物卷（2020）	中国珍稀濒危植物图鉴	中国珍稀濒危植物信息系统"受威胁物种信息"
			LC 中国特有		

形态特征： 灌木状或藤本竹类。竿下部直立，近实心，上部垂悬呈藤本状，高或长可达 10 m；节间圆筒形，长 8～20 cm，粗 4～10 mm，幼时微被白粉，尤以在节的下方较明显，老则呈黑垢而余处光滑无毛；箨环具有箨鞘基部残留物，在新竿上此残留物呈浅盘状并于外面具微毛；竿每节具 3 芽团，居中者较大，扁桃形，通常可发展为主枝，位于两侧的芽团较小，形偏斜，内含多芽，以后能发展多条侧枝；主枝极发达，竿中下部者可长达 5 m，侧枝纤细，其粗不及 1 mm，但节处膨大，而使枝条呈"之"字形曲折；叶片披针形，一般长 5～12 cm。花枝起初仅能见到各节生着花芽，此时颇似续次发生的花序，成长后则花枝的每节可由数条短的总梗作伞房式排列于节上。

产地生境： 仅分布在贵州罗甸县猴场。生长在喀斯特石灰岩山地。总体上，小蓬竹种群呈斑块状分布。温度和水分是影响小蓬竹生长的重要因素。分布区土壤除有效磷含量低外，其他元素含量均达到高水平。

功用价值： 小蓬竹沿岩壁下垂如帘，颇为美观。对土壤固土、保水、保肥能力效果显著。对濒危物种的野生生境的破坏程度评价、就地保护与迁地保护等方面具有重要的意义。

致危因素： 分布区较为狭小，石漠化现象严重，土壤瘠薄，滥采滥伐。

（十三）黄杨科

黄杨 *Buxus sinica*（Rehder & E. H. Wilson）M.Cheng

别名： 黄杨木、瓜子黄杨

科属： 黄杨科（Buxaceae）、黄杨属（*Buxus*）

物种保护： 江西省、重庆市重点保护野生植物

CITES（2023）	IUCN（2025-1）	极小种群	中国生物多样性红色名录—高等植物卷（2020）	中国珍稀濒危植物图鉴	中国珍稀濒危植物信息系统"受威胁物种信息"
	LC		LC 中国特有		

形态特征： 常绿灌木或小乔木；枝圆柱形，有纵棱，灰白色；小枝四棱形，全面被短柔毛或外方相对两侧面无毛。叶革质，叶面光亮，阔椭圆形、阔倒卵形、卵状椭圆形或长圆形；中脉凸出，下半段常有微细毛；先端圆或钝，常有小凹口，不尖锐，基部圆形或急尖或楔形。花序腋生，头状，花密集，被毛，雄花约为 10 朵，无花梗；雌花萼片长 3 mm，子房较花柱稍长，无毛，花柱粗扁，柱头呈倒心形，下延达花柱中部。蒴果近球形；宿存花柱长 2～3 mm。花期 3 月，果期 5～6 月。

产地生境： 分布于江苏、甘肃、湖南、湖北、四川、贵州、广西、广东、江西、浙江、安徽及山东。喜半阴，喜温暖湿润气候，大多生长于山谷、溪边、林下。

功用价值： 黄杨株型矮小而紧凑，枝叶茂密而常绿，园林中常作矮篱栽培、基础种植；也常修剪成球形，丛植于草坪、建筑四周、大型花坛边沿，或用于点缀山石。树姿优美，叶小如豆瓣，质厚而有光泽，是树桩盆景的优良材料。

（十四）蕈树科

细柄蕈树 *Altingia gracilipes* Hemsl.

别名： 细柄阿丁枫、细齿蕈树

科属： 蕈树科（Altingiaceae）、蕈树属（*Altingia*）

物种保护：

CITES（2023）	IUCN（2025-1）	极小种群	中国生物多样性红色名录——高等植物卷（2020）	中国珍稀濒危植物图鉴	中国珍稀濒危植物信息系统"受威胁物种信息"
	LC		LC 中国特有		

形态特征： 常绿乔木，高达 20 m；嫩枝略有短柔毛，干后为灰褐色，老枝为灰色，有皮孔；芽卵圆形，有多数鳞状苞片，外侧略有微毛。叶革质，卵状披针形，先端尾状渐尖，尾部长 1.5～2 cm，基部钝或窄圆形；上面深绿色，干后仍有光泽，下面无毛；全缘；托叶不存在。雄花序圆球形，常多个组成圆锥状。雌花头状花序，生于当年枝的叶腋里，有柔毛，子房完全藏在花序轴内。蒴果不具宿存花柱，果序倒圆锥形。种子多数，细小，多角形，褐色。

产地生境： 分布于浙江南部、福建及广东。生于低海拔常绿林中。

功用价值： 细柄蕈树生长快，用途广，树形美。可作为生态林、风景林、水源林的理想树种。尤其是与落叶树混交，能发挥最大的生态效益。树皮里流出的树脂含有芳香性挥发油，可供药用，以及香料和定香之用。

半枫荷 *Semiliquidambar cathayensis* H. T. Chang

别名： 闽半枫荷、小叶半枫荷、金缕半枫荷

科属： 蕈树科（Altingiaceae）、半枫荷属（*Semiliquidambar*）

物种保护： 海南省、江西省、湖南省、贵州省、广东省、广西壮族自治区重点保护野生植物

CITES（2023）	IUCN（2025-1）	极小种群	中国生物多样性红色名录—高等植物卷（2020）	中国珍稀濒危植物图鉴	中国珍稀濒危植物信息系统"受威胁物种信息"
LC			VU 中国特有	收录	VU 中国特有

形态特征： 常绿乔木，高约 17 m，胸径达 60 cm，树皮灰色，稍粗糙；芽体长卵形，略有短柔毛。叶簇生于枝顶，革质，异形，不分裂的叶片呈卵状椭圆形；叶片似枫叶、荷叶，故名半枫荷。雄花的短穗状花序常数个排列成总状，花被全缺，雄蕊多数，花丝极短，花药先端凹入；雌花的花序梗长约 4.5 cm，萼齿长 3 ～ 6 mm，花柱长 6 ～ 8 mm，被柔毛。头状果序直径 2.5 cm，蒴果有 22 ～ 28 个，宿存萼齿比花柱短。

产地生境： 分布于江西南部、广西北部、贵州南部、广东及海南。生于海拔 900 m 以下的树林中。

功用价值： 散孔材，淡赭褐色，心边材没有明显区别，纹理斜，结构细，坚重，干燥少开裂，旋刨性能良好，可作旋刨制品。枝叶、树根供药用，对风湿、类风湿病痛有良好的治疗作用，对腰肌劳损、半身不遂、老年增生性脊柱炎和支气管哮喘等病症也有良好的效果。

致危因素： 人为干扰严重，自然分布范围越来越窄。

（十五）金缕梅科

山白树 *Sinowilsonia henryi* Hemsl.

科属：金缕梅科（Hamamelidaceae）、山白树属（*Sinowilsonia*）

物种保护：湖南省、山西省、陕西省、河南省、甘肃省、重庆市重点保护野生植物

CITES （2023）	IUCN （2025–1）	极小 种群	中国生物多样性红色名录— 高等植物卷（2020）	中国珍稀濒危 植物图鉴	中国珍稀濒危植物信息系统 "受威胁物种信息"
	NT		VU 中国特有		VU 中国特有

形态特征：落叶灌木或小乔木，高约 8 m；嫩枝有灰黄色星状绒毛；老枝秃净，芽体无鳞状苞片。叶片纸质或膜质，倒卵形，先端急尖，基部圆形或微心形，网脉明显；托叶呈线形，早落；雄花总状花序无正常叶片，萼筒极短，雄蕊近于无柄，花丝极短。雌花穗状花序长 6～8 cm，苞片披针形。蒴果无柄，卵圆形。种子长 8 mm，黑色，有光泽，种脐灰白色。

产地生境：分布于湖北、四川、河南、陕西及甘肃。生于海拔 1 100～1 600 m 的山谷或杂木林中，通常适合生长在自然植被保存较好、林地郁闭度较大、水分条件良好、相对空气湿度在 80% 以上，土壤为中性至微酸性的山地棕壤土的环境中。

功用价值：山白树在金缕梅亚科中所处的地位对于阐明某些类群的起源和进化有较重要的科学价值。木材致密坚硬，纹理直，可用于雕刻建筑和制作家具；花可作蜜源植物；种子可榨油；树形高大潇洒，树皮灰白通直，叶大花香，果序垂悬，可栽培做观赏树种；根系发达，固土保水能力强，也是营造河岸林的树种之一。

致危因素：生境破坏；植株生长缓慢，种群小，环境适应性弱。

水丝梨 *Sycopsis sinensis* Oliv.

别名：假蚊母、肝心柴

科属：金缕梅科（Hamamelidaceae）、水丝梨属（*Sycopsis*）

物种保护：陕西省、安徽省重点保护野生植物

CITES（2023）	IUCN（2025-1）	极小种群	中国生物多样性红色名录—高等植物卷（2020）	中国珍稀濒危植物图鉴	中国珍稀濒危植物信息系统"受威胁物种信息"
	LC		LC 中国特有		

形态特征：常绿乔木，高达 14 m；嫩枝被鳞垢；老枝暗褐色；顶芽裸露。叶片革质，长卵形或披针形，先端渐尖，基部楔形或钝；上面深绿色，下面橄榄绿色，叶柄长 8～18 mm，被鳞垢。雄花穗状花序密集，近头状，苞片红褐色，卵圆形。雌花或两性花排列成短穗状花序。蒴果，宿存萼筒被鳞垢，不规则裂开，宿存花柱短。种子褐色，长约 6 mm。

产地生境：分布于我国陕西、四川、云南、贵州、湖北、安徽、浙江、江西、福建、台湾、湖南、广东、广西。生于山地常绿林及灌丛。

功用价值：水丝梨树干通直，树形美观，终年常绿，侧枝几乎竖直生长，姿态典雅庄重，雄蕊多而色彩鲜艳，可栽种在溪沟边，也可栽种在高大阔叶树下或阳光通透处，也可作为背景树或基调树种在园林中应用。木材供建筑及家具等用，也可培育香菇。

（十六）葡萄科

三叶崖爬藤 *Tetrastigma hemsleyanum* Diels & Gilg

别名： 三叶青、蛇附子、石老鼠、石猴子

科属： 葡萄科（Vitaceae）、崖爬藤属（*Tetrastigma*）

物种保护： 浙江省、江西省、安徽省重点保护野生植物

CITES（2023）	IUCN（2025-1）	极小种群	中国生物多样性红色名录—高等植物卷（2020）	中国珍稀濒危植物图鉴	中国珍稀濒危植物信息系统"受威胁物种信息"
			LC 中国特有		

形态特征： 草质藤本。小枝纤细，有纵棱纹。卷须不分枝。三出复叶，小叶披针形、长椭圆披针形或卵披针形，顶端的一片小叶比两边的小叶要大一些，叶片边缘有稀疏的锯齿。花序腋生，长 1～5 cm，比叶柄短、近等长或较叶柄长，下部有节，花二歧状着生在分枝末端；花蕾卵圆形，花瓣 4，花药黄色。果实近球形或倒卵球形；种子倒卵状椭圆形。地下块根的表面为深棕色，里面白色。

产地生境： 分布于我国江苏、浙江、江西、福建、台湾、广东、广西、湖北、湖南、四川、贵州、云南及西藏。生于海拔 300～1300m 的山坡灌丛、山谷、溪边林下岩石缝中。

功用价值： 三叶崖爬藤全株可供药用，有活血散瘀、解毒、化痰的作用，临床上用于治疗病毒性脑膜炎、乙型脑炎、病毒性肺炎、黄疸性肝炎等，特别是块茎对小儿高烧有特效。整株也可作为室内藤本绿化装饰用。

致危因素： 人类过度采挖；种子产量少或无，生长周期长，繁殖慢，野生资源难以恢复。

（十七）豆科

任豆 *Zenia insignis* Chun

别名：任木、翅荚木、翅荚豆

科属：豆科（Fabaceae）、任豆属（*Zenia*）

物种保护：江西省重点保护野生植物

CITES（2023）	IUCN（2025–1）	极小种群	中国生物多样性红色名录—高等植物卷（2020）	中国珍稀濒危植物图鉴	中国珍稀濒危植物信息系统"受威胁物种信息"
	NT		VU	收录	VU

形态特征：乔木，高为 15 ～ 20 m，胸径可达 1 m；小枝黑褐色；树皮粗糙，呈片状脱落。叶长 25 ～ 45 cm；叶柄短，叶轴及叶柄多少被黄色微柔毛；小叶薄革质，小叶柄长 2 ～ 3 mm。圆锥花序顶生；花红色，花瓣稍长于萼片，最上面一片最阔，椭圆状长圆形或倒卵状长圆形。荚果长圆形或椭圆状长圆形，红棕色。种子圆形，平滑，有光泽，棕黑色。

产地生境：分布于广东、广西，越南等地区也有分布。生于海拔 200 ～ 950 m 的山地密林或疏林中。

功用价值：任豆为速生树种，木材材质轻而细致，易加工，适作家具和建筑用材，并可作为紫胶虫寄主。任豆树形美观，花色美丽，可作为行道树、庭园观赏及景观林树种。

致危因素：直接采挖或砍伐。

（十八）榆科

琅琊榆 *Ulmus chenmoui* W. C. Cheng

科属：榆科（Ulmaceae）、榆属（*Ulmus*）

物种保护：安徽省、江苏省重点保护野生植物

CITES（2023）	IUCN（2025−1）	极小种群	中国生物多样性红色名录—高等植物卷（2020）	中国珍稀濒危植物图鉴	中国珍稀濒危植物信息系统"受威胁物种信息"
	EN		EN 中国特有		EN 中国特有

形态特征：落叶乔木，高达 20 m；树皮淡褐灰色，裂成不规则的长圆形薄片脱落；一年生枝幼时密被柔毛，后逐渐脱落；冬芽呈卵圆形。叶宽倒卵形、长圆状倒卵形、长圆形或长圆状椭圆形，叶面密生硬毛，粗糙，沿主脉凹陷处有柔毛，叶背密生柔毛；边缘具重锯齿。花在二年生枝上排列成簇状聚伞花序。翅果呈窄倒卵形、长圆状倒卵形或宽倒卵形，果核部分位于翅果的中上部。

产地生境：分布于中国安徽滁州市琅琊山及江苏句容宝华山。生于海拔 150～200 m 的中性湿润黏土的阔叶林中及石炭岩缝中。

功用价值：琅琊榆木材坚实，纹理直，耐火用。可作为家具、车辆、器具、室内装修等用材。可选为淮河以南、长江下游的造林树种。

致危因素：生境退化或丧失，直接采挖或砍伐。

醉翁榆 *Ulmus gaussenii* W. C. Cheng

别名： 毛榆

科属： 榆科（Ulmaceae）、榆属（*Ulmus*）

物种保护： 安徽省重点保护野生植物

CITES（2023）	IUCN（2025-1）	极小种群	中国生物多样性红色名录—高等植物卷（2020）	中国珍稀濒危植物图鉴	中国珍稀濒危植物信息系统"受威胁物种信息"
	CR		EN 中国特有		CR 中国特有

形态特征： 落叶乔木，高达 25 m；树皮黑色或暗灰色，纵裂，粗糙；幼枝密被灰白色或淡黄色柔毛，一至二年生枝为灰褐色、深褐色或暗灰色，密被柔毛，具散生黄褐色皮孔；冬芽近球形或卵圆形。叶长圆状倒卵形、椭圆形、倒卵形或菱状椭圆形，先端钝、渐尖或具短尖，基部歪斜，多少圆形，半心脏形或楔形，边缘常具单锯齿。翅果呈圆形或倒卵状圆形，果核部分位于翅果的中部。

产地生境： 分布于安徽滁州市琅琊山地区，南京有栽培。生于溪边或石灰岩山麓。

功用价值： 醉翁榆木材重硬，纹理直，结构粗，有光泽，韧性强，弯挠性能良好，耐磨损。可供车辆、农具、家具、器具等地用材。翅果含油量高，是医药和轻、化工业的重要原料。种子发酵后与榆树皮、红土、菊花末等加工成羹糊，药用杀虫、消积。可作为安徽北部石灰岩山区的造林树种。

致危因素： 生境退化或丧失；直接采挖或砍伐。

红果榆 *Ulmus szechuanica* W. P. Fang

别名： 明陵榆

科属： 榆科（Ulmaceae）、榆属（*Ulmus*）

物种保护： 安徽省重点保护野生植物

CITES（2023）	IUCN（2025-1）	极小种群	中国生物多样性红色名录——高等植物卷（2020）	中国珍稀濒危植物图鉴	中国珍稀濒危植物信息系统"受威胁物种信息"
	LC		LC 中国特有		

形态特征： 落叶乔木，树皮暗灰色、灰黑色或褐灰色，不规则纵裂，粗糙；当年生枝淡灰色或灰色，幼时有毛，后变无毛或有疏毛，皮孔淡黄色；萌发枝的毛较密，有时具周围大而不规则纵裂的木栓层；冬芽卵圆形，芽鳞背面外露部分几无毛或有疏毛，下部毛较密，内部芽鳞的边缘毛较长而明显。叶倒卵形、椭圆状倒卵形、卵状长圆形或椭圆状卵形，先端急尖或渐尖，稀尾状，基部偏斜，楔形、圆形或近似心脏形，边缘具重锯齿。翅果近圆形或倒卵状圆形，除顶端缺口柱头被毛外，余处无毛，果核部分位于翅果的中部或近中部，上端接近缺口，淡红色、褐色、红色或紫红色，宿存花被无毛，钟形。花果期3～4月。

产地生境： 分布于安徽南部、江苏南部、浙江北部、江西及四川中部。生于平原、低丘或溪涧旁酸性土及微酸性土之阔叶林中。

功用价值： 红果榆树形优美，果形奇特，可作为园林观赏树种。材质坚韧，硬度适中，纹理直，可制家具、农具、器具等。树皮纤维可制绳索及人造棉。

（十九）大麻科

糙叶树 *Aphananthe aspera*（Thunb.）Planch.

别名：糙皮树、牛筋树

科属：大麻科（Cannabaceae）、糙叶树属（*Aphananthe*）

物种保护：陕西省重点保护野生植物

CITES（2023）	IUCN（2025-1）	极小种群	中国生物多样性红色名录——高等植物卷（2020）	中国珍稀濒危植物图鉴	中国珍稀濒危植物信息系统"受威胁物种信息"
	LC		LC		

形态特征：落叶乔木，高达 25 m；树皮纵裂，粗糙，当年生枝黄绿色，疏生细伏毛，一年生枝红褐色，老枝灰褐色，皮孔明显，圆形。叶纸质，基部 3 出脉；托叶膜质，条形。雄聚伞花序生于新枝的下部叶腋，雄花被裂片倒卵状圆形，内凹陷呈盔状；雌花单生于新枝的上部叶腋，花被裂片条状披针形，子房被毛。核果近球形、椭圆形或卵状球形，由绿色变为黑色。

产地生境：分布于我国山西、山东、江苏、安徽、浙江、江西、福建、台湾、湖南、湖北、广东、广西、四川东南部、贵州和云南东南部，华东地区有栽培，朝鲜、日本和越南也有分布。在华东和华北地区生长海拔为 150～600 m，在西南和中南地区生长于海拔为 500～1 000 m 的山谷、溪边林中。

功用价值：糙叶树枝皮纤维可供制人造棉、绳索用；木材坚硬细密，不易折裂，可供制作家具、农具和建筑用；叶可作马饲料，干叶面粗糙，可供铜、锡和牙角器等摩擦用。

青檀 *Pteroceltis tatarinowii* Maxim.

别名：檀，檀树，翼朴，摇钱树，青壳榔树

科属：大麻科（Cannabaceae）、青檀属（*Pteroceltis*）

物种保护：浙江省、安徽省、河南省、江苏省、广西壮族自治区、河北省、山西省、北京市、重庆市、山东省重点保护野生植物

CITES（2023）	IUCN（2025-1）	极小种群	中国生物多样性红色名录—高等植物卷（2020）	中国珍稀濒危植物图鉴	中国珍稀濒危植物信息系统"受威胁物种信息"
	LC		LC 中国特有		

形态特征：落叶乔木，高达 20 m 以上，胸径达 70 cm 以上；树皮灰色或深灰色，不规则的长片状剥落；小枝黄绿色，干时变为栗褐色，冬芽呈卵形。叶纸质，宽卵形至长卵形，先端渐尖至尾状渐尖，基部不对称，楔形、圆形或截形，边缘有不整齐的锯齿，基部 3 出脉，叶面绿，叶背淡绿。翅果状坚果近似圆形或近四方形，果实外面无毛或多少被曲柔毛，常有不规则的皱纹，有时具耳状附属物，具宿存的花柱和花被。

产地生境：分布于辽宁、河北、山西、陕西、甘肃南部、青海东南部、山东、江苏、安徽、浙江、江西、福建、河南、湖北、湖南、广东、广西、四川和贵州。常生于海拔 100 ~ 1 500 m 的山谷溪边石灰岩山地疏林中。

功用价值：青檀树皮纤维为制宣纸的主要原料；木材坚硬细致，可供作农具、车轴、家具和建筑用的上等木料；种子可榨油；树供观赏用。

致危因素：乱砍滥伐、生境破坏；自然繁殖能力较弱。

（二十）胡桃科

青钱柳 *Cyclocarya paliurus*（Batalin）Iljinsk.

别名： 青钱李、山麻柳、山化树

科属： 胡桃科（Juglandaceae）、青钱柳属（*Cyclocarya*）

物种保护： 湖南省、河南省、江西省、陕西省、安徽省、贵州省、重庆市、广西壮族自治区重点保护野生植物

CITES（2023）	IUCN（2025-1）	极小种群	中国生物多样性红色名录—高等植物卷（2020）	中国珍稀濒危植物图鉴	中国珍稀濒危植物信息系统"受威胁物种信息"
			LC 中国特有		

形态特征： 落叶乔木，高达 10 ~ 30 m；树皮灰色；枝黑褐色，具灰黄色皮孔。芽密被锈褐色腺体。奇数羽状复叶；小叶纸质；叶缘具锐锯齿；花序轴密被短柔毛及盾状着生的腺体。雄花具花梗。雌性葇荑花序单独顶生，花序轴常密被短柔毛，老时毛常脱落而成无毛。果序轴无毛或被柔毛。果实扁球形，果实中部围有水平方向的革质圆盘状翅，果实及果翅全部被有腺体。

产地生境： 分布于我国安徽、江苏、浙江、江西、福建、台湾、湖北、湖南、四川、贵州、广西、广东和云南东南部。常生于海拔 500 ~ 2 500 m 的山地湿润的森林中。

功用价值： 青钱柳树皮鞣质，可提制栲胶，也可作纤维原料；木材细致，可作家具及工业用材。性味苦、辛、平、归肺、肝经。青钱柳皮、叶、根具有杀虫止痒、消炎止痛、祛风的功效。青钱柳初春嫩叶制成的保健茶具有治疗糖尿病、降血压、降血糖、提高人体免疫力的作用。

致危因素： 人工砍伐等。

（二十一）桦木科

华榛 *Corylus chinensis* Franch.

科属：桦木科（Betulaceae）、榛属（*Corylus*）

物种保护：浙江省、安徽省、河南省、重庆市重点保护野生植物

CITES（2023）	IUCN（2025-1）	极小种群	中国生物多样性红色名录——高等植物卷（2020）	中国珍稀濒危植物图鉴	中国珍稀濒危植物信息系统"受威胁物种信息"
	LC		LC 中国特有		

形态特征：落叶乔木，高可达 20 m；树皮灰褐色，纵裂；枝灰褐色；小枝褐色。叶椭圆形，顶端骤尖至短尾状，基部心形，两侧显著不对称，边缘具不规则的钝锯齿，有时具刺状腺体；叶柄密被淡黄色长柔毛及刺状腺体。雄花序排列成总状。果 2 ～ 6 枚簇生成头状，果苞外面具纵肋，坚果球形，无毛。

产地生境：分布于云南、四川西南部。生于海拔 2 000 ～ 3 500 m 的湿润山坡林中。

功用价值：华榛是榛属中罕见的大乔木，其材质优良，种子供食用，生长较快，为产区重要造林与干果树种。

致危因素：过度砍伐、野生资源锐减；自然更新困难。

（二十二）藤黄科

木竹子 *Garcinia multiflora* Champ. ex Benth.

别名：多花山竹子

科属：藤黄科（Clusiaceae）、藤黄属（*Garcinia*）

物种保护：江西省重点保护野生植物

CITES （2023）	IUCN （2025-1）	极小种群	中国生物多样性红色名录—高等植物卷（2020）	中国珍稀濒危植物图鉴	中国珍稀濒危植物信息系统"受威胁物种信息"
	LC		LC		

形态特征：常绿乔木，高 5～15 m，胸径 20～40 cm；树皮灰白色，粗糙；小枝绿色，具纵槽纹。叶革质，卵形、长圆状卵形或长圆状倒卵形，顶端急尖、渐尖或钝，基部楔形或宽楔形，边缘微反卷。花杂性，同株；雄花序成聚伞状圆锥花序式，花瓣橙黄色。雌花序有雌花 1～5 朵，柱头大而厚，盾形。果卵圆形至倒卵圆形，成熟时黄色。种子椭圆形，长 2～2.5 cm。

产地生境：分布于我国台湾、福建、江西、湖南西南部、广东、海南、广西、贵州南部、云南，越南北部也有分布。生于海拔 100～1 900 m 的山坡疏林或密林中、沟谷边缘或次生林或灌丛中。

功用价值：木竹子种子含油量为 51.22%，种仁含油量为 55.6%，可供制肥皂和机械润滑油用；树皮可入药，有消炎功效，可治疗各种炎症；木材为暗黄色，坚硬，可供舢板、家具及工艺雕刻用材。

（二十三）千屈菜科

福建紫薇 *Lagerstroemia limii* Merr.

科属： 千屈菜科（Lythraceae）、紫薇属（*Lagerstroemia*）

物种保护： 福建省重点保护野生植物

CITES （2023）	IUCN （2025-1）	极小 种群	中国生物多样性红色名录— 高等植物卷（2020）	中国珍稀濒危 植物图鉴	中国珍稀濒危植物信息系统 "受威胁物种信息"
			NT 中国特有		

形态特征： 落叶灌木或小乔木，高约 4 m；小枝圆柱形，密被灰黄色柔毛，以后脱落而呈褐色，光滑。叶互生至近对生，革质至近革质，基部渐狭或圆形，上面几光滑，下面沿中脉、侧脉及网脉密被柔毛；叶柄密被柔毛。顶生圆锥花序；花瓣淡红色至紫色，圆卵形，有皱纹。蒴果卵形，种子连翅长约 8 mm。

产地生境： 福建紫薇是中国特有植物，分布于福建东南部、浙江、湖北东部及西部。生于低山林中。

功用价值： 福建紫薇具有吸收二氧化硫、氯气和氟化氢等有害气体的功能，同时具有降尘的作用，开花时期花朵挥发出的油还具有消毒功能，可通过孤植、对植、群植、丛植和列植等方式进行应用。

致危因素： 分布狭小。

紫薇 *Lagerstroemia indica* L.

别名： 百日红、满堂红、痒痒树、紫金花、紫兰花、蚊子花、西洋水杨梅、无皮树

科属： 千屈菜科（Lythraceae）、紫薇属（*Lagerstroemia*）

物种保护： 陕西省重点保护野生植物

CITES（2023）	IUCN（2025-1）	极小种群	中国生物多样性红色名录——高等植物卷（2020）	中国珍稀濒危植物图鉴	中国珍稀濒危植物信息系统"受威胁物种信息"
	LC		LC		

形态特征： 落叶灌木或小乔木。树皮平滑，灰色或灰褐色；枝干多扭曲，小枝纤细，具4棱，略呈翅状。叶互生或有时对生，纸质，椭圆形、阔矩圆形或倒卵形，顶端短尖或钝形，有时微凹，基部阔楔形或近圆形，无毛或下面沿中脉有微柔毛，侧脉3～7对，小脉不明显；无柄或叶柄很短。花淡红色或紫色、白色，常组成7～20 cm的顶生圆锥花序；花瓣6，皱缩，具长爪；子房3～6室，无毛。蒴果椭圆状球形或阔椭圆形，幼时绿色至黄色，成熟时或干燥时呈紫黑色，室背开裂。种子有翅，长约8 mm。花期6～9月，果期9～12月。

产地生境： 原产于亚洲，中国广东、广西、湖南、福建、江西、浙江、江苏、湖北、河南、河北、山东、安徽、陕西、四川、云南、贵州及吉林等地区均有生长或栽培。半阴生，喜肥沃湿润的土壤，也能耐旱，不论钙质土或酸性土都生长良好。

功用价值： 紫薇夏、秋季连续开花，花期长达数月，是重要的园林观赏树木。木材坚硬、耐腐，可作为农具、家具、建筑等用材。树皮、叶、花均为强泻剂；根和树皮煎剂可治疗咯血、吐血、便血。

（二十四）瘿椒树科

瘿椒树 *Tapiscia sinensis* Rehder & E. H. Wilson

别名：银鹊树、丹树、瘿漆树、银雀树、皮巴风、泡花、大果瘿椒树

科属：瘿椒树科（Tapisciaceae）、瘿椒树属（*Tapiscia*）

物种保护：陕西省、福建省、江西省、安徽省、河南省、重庆市、广西壮族自治区重点保护野生植物

CITES （2023）	IUCN （2025-1）	极小 种群	中国生物多样性红色名录— 高等植物卷（2020）	中国珍稀濒危 植物图鉴	中国珍稀濒危植物信息系统 "受威胁物种信息"
	VU		LC 中国特有		

形态特征：落叶乔木，高 8 ~ 15 m，树皮灰黑色或灰白色，小枝无毛；芽卵形。奇数羽状复叶，小叶 5 ~ 9，基部心形或近心形，边缘具锯齿，上面绿色，背面带灰白色，密被近乳头状白粉点；侧生小叶柄短。圆锥花序腋生，雄花与两性花异株，两性花的花序长约 10 cm，花小，黄色，有香气。果序长达 10 cm，核果近球形或椭圆形，长仅 7 mm。

产地生境：分布于浙江、安徽、湖北、湖南、广东、广西、四川、云南、贵州。生于山地林中。

功用价值：瘿椒树为我国特有的古老树种，对研究我国亚热带植物区系有一定的科学价值。木材材质轻软，纹理直，刨面光滑，易加工，可作为家具、板料。树姿美观，可在湿润、肥沃、偏酸性土壤中栽种。

致危因素：有性生殖周期很长，天然更新困难。

（二十五）漆树科

黄连木 *Pistacia chinensis* Bunge

别名：楷木、黄连茶、岩拐角、凉茶树、药树、药木、黄连树、鸡冠果、烂心木、鸡冠木、黄儿茶、田苗树、木蓼树、黄连芽、木黄连、药子树

科属：漆树科（Anacardiaceae）、黄连木属（*Pistacia*）

物种保护：河北省、山西省、北京市重点保护野生植物

CITES（2023）	IUCN（2025-1）	极小种群	中国生物多样性红色名录—高等植物卷（2020）	中国珍稀濒危植物图鉴	中国珍稀濒危植物信息系统"受威胁物种信息"
	LC		LC 中国特有		

形态特征：落叶乔木，高达 20 余米；树干扭曲；树皮暗褐色，呈鳞片状剥落；幼枝灰棕色，具细小皮孔。奇数羽状复叶互生；小叶 5～6 对，对生或近对生，纸质，基部偏斜。花单性异株，先花后叶，圆锥花序腋生；雄花序排列紧密，雌花序排列疏松；花小。核果倒卵状球形，略压扁，径约 5 mm，成熟时紫红色，干后具纵向细条纹，先端细尖。

产地生境：分布于长江以南各省区及华北、西北，菲律宾亦有分布。生于海拔 140～3 550 m 的石山林中。

功用价值：黄连木木材呈鲜黄色，可提取黄色染料，材质坚硬致密，可供家具和细工用材。种子榨油可作为润滑油或制皂。幼叶可充蔬菜，并可代茶。

致危因素：人工砍伐，目前栽种较多，无生存威胁。

（二十六）无患子科

血皮槭 *Acer griseum*（Franch.）Pax

别名： 马梨光、陕西槭、秃梗槭

科属： 无患子科（Sapindaceae）、槭属（*Acer*）

物种保护： 湖南省、山西省、甘肃省、重庆市重点保护野生植物

CITES （2023）	IUCN （2025-1）	极小 种群	中国生物多样性红色名录—— 高等植物卷（2020）	中国珍稀濒危 植物图鉴	中国珍稀濒危植物信息系统 "受威胁物种信息"
	EN		VU 中国特有		VU 中国特有

形态特征： 落叶乔木，高 10～20 m。树皮赭褐色，常呈卵形、纸状的薄片脱落。小枝圆柱形，当年生枝淡紫色，多年生枝深紫色或深褐色。冬芽小。复叶有 3 小叶；小叶纸质，先端钝尖，顶生的小叶片基部为楔形或阔楔形，叶柄长 2～4 cm，有疏柔毛，嫩时更密。聚伞花序有长柔毛，常仅有 3 花；花淡黄色，杂性，雄花与两性花异株。小坚果黄褐色，凸起，近卵圆形或球形，密被黄色绒毛；翅张开近于锐角或直角。

产地生境： 分布于河南西南部、陕西南部、甘肃东南部、湖北西部和四川东部。生于海拔 1 500～2 000 m 的疏林中。

功用价值： 血皮槭为优良的绿化树种，木材坚硬，可制作各种贵重器具，树皮的纤维良好，可以制绳和造纸。

致危因素： 人工砍伐。

鸡爪槭 *Acer palmatum* Thunb.

别名： 七角枫

科属： 无患子科（Sapindaceae）、槭属（*Acer*）

物种保护：

CITES（2023）	IUCN（2025-1）	极小种群	中国生物多样性红色名录—高等植物卷（2020）	中国珍稀濒危植物图鉴	中国珍稀濒危植物信息系统"受威胁物种信息"
	LC				VU

形态特征： 落叶小乔木。树皮深灰色。小枝细瘦；当年生枝紫色或淡紫绿色；多年生枝淡灰紫色或深紫色。叶纸质，基部心脏形或近于心脏形，稀截形，5～9 掌状分裂，通常 7 裂，裂片间的凹缺钝尖或锐尖，深达叶片的直径的 1/2 或 1/3；上面深绿色，下面淡绿色。花紫色，杂性，雄花与两性花同株，叶发出以后才开花。翅果嫩时为紫红色，成熟时为淡棕黄色；小坚果球形。

产地生境： 分布于山东、河南南部、江苏、浙江、安徽、江西、湖北、湖南、贵州，朝鲜和日本也有分布。生于海拔 200～1 200 m 的林边或疏林中。

功用价值： 鸡爪槭在我国东南沿海各省庭园中广泛栽培。

致危因素： 人工砍伐。

七叶树 *Aesculus chinensis* Bunge

别名： 日本七叶树、浙江七叶树

科属： 无患子科（Sapindaceae）、七叶树属（*Aesculus*）

物种保护： 河南省重点保护野生植物

CITES（2023）	IUCN（2025-1）	极小种群	中国生物多样性红色名录——高等植物卷（2020）	中国珍稀濒危植物图鉴	中国珍稀濒危植物信息系统"受威胁物种信息"
			LC 中国特有		

形态特征： 落叶乔木。树皮深褐色或灰褐色，小枝圆柱形，无毛或嫩时有微柔毛，有皮孔；冬芽具 4 棱。掌状复叶，小叶 5 ～ 7，先端短渐尖，边缘有钝尖的细锯齿。花序圆筒形，有微柔毛；花杂性，雄花与两性花同株。果实球形或倒卵形，具很密的斑点。花期 5 月，果期 9 ～ 10 月。

产地生境： 秦岭地区有野生，黄河流域及东部各省有栽培。喜光，但忌烈日，稍耐阴；喜温暖气候，也能耐寒；喜深厚、肥沃、湿润而排水良好的土壤。

功用价值： 七叶树树姿挺秀，冠大荫浓，盛花时节，满树白花，蔚为壮观，是优良的园林景观树种，可作为人行步道、公园、广场绿化树种。七叶树也是佛教用树之一，多见于佛寺绿化。

云南七叶树 *Aesculus wangii* Hu

科属：无患子科（Sapindaceae）、七叶树属（*Aesculus*）

物种保护：

CITES（2023）	IUCN（2025-1）	极小种群	中国生物多样性红色名录—高等植物卷（2020）	中国珍稀濒危植物图鉴	中国珍稀濒危植物信息系统"受威胁物种信息"
	VU		LC 中国特有		

形态特征：落叶乔木，高可达 20 m。树皮灰褐色，粗糙。小枝圆柱形，有多数显著淡黄色椭圆形皮孔。冬芽卵圆形或近于球形。掌状复叶，小叶 5～7。花序顶生，圆筒形。蒴果扁球形，有黄色斑点。种子常仅 1 粒发育，近球形，暗栗褐色，种脐白色，约占种子的 1/2 以上。

产地生境：分布于云南东南部的石灰岩山地。生于海拔 900～1 700 m 的树林中。

功用价值：可作为石灰岩山地的造林树种。其树冠圆伞形，花大叶美，是极好的行道树和庭园树种。木材可作细木家具之用，种子可作洗涤剂，还可加工成合成纤维和尼龙。

致危因素：云南七叶树分布狭小，石灰岩山地森林遭到采伐后，生境日益恶化，果实成熟落地后容易遭受野兽啃食，更新困难。

（二十七）锦葵科

海滨木槿 *Hibiscus hamabo* Sieb. et Zucc.

别名： 海槿、海塘苗木、日本黄槿、黄芙蓉

科属： 锦葵科（Malvaceae）、木槿属（*Hibiscus*）

物种保护： 浙江省、福建省保护野生植物

CITES （2023）	IUCN （2025–1）	极小 种群	中国生物多样性红色名录— 高等植物卷（2020）	中国珍稀濒危 植物图鉴	中国珍稀濒危植物信息系统 "受威胁物种信息"
			LC		

形态特征： 落叶灌木或小乔木，高 1～3 m，偶可高达 5 m；分枝多，树皮灰白色。叶阔倒卵形或椭圆形，长 3～6 cm，宽 2.5～7 cm，两面密被灰白色星状毛，基出 5～7 脉。花单生于枝端叶腋，直径 5～6 cm，金黄色，后变橘红色，内面基部深红色，花瓣倒卵形。蒴果倒卵形，长 2.5～3.5 cm，密生褐色硬毛。

产地生境： 分布于浙江舟山群岛和福建沿海岛屿。生于海滨盐碱地上。

功用价值： 海滨木槿夏季开鲜黄色的花朵，适于孤植、丛植于公园草地、水滨、山坡及庭院各处，也可在面积较大的空间成片种植；可用于道路绿化，适于植为花篱；或用于海岸防风林和固堤、海滨绿化。

致危因素： 大规模的滩涂围垦，导致生境破坏。

（二十八）白花丹科

蓝雪花 *Ceratostigma plumbaginoides* Bunge

别名： 蓝花丹、角柱花、假靛、山灰柴

科属： 白花丹科（Plumbaginaceae）、蓝雪花属（*Ceratostigma*）

物种保护： 山西省重点保护野生植物

CITES（2023）	IUCN（2025-1）	极小种群	中国生物多样性红色名录——高等植物卷（2020）	中国珍稀濒危植物图鉴	中国珍稀濒危植物信息系统"受威胁物种信息"
			LC 中国特有		

形态特征： 常绿柔弱半灌木，上端蔓状或极开散，高约 1 m 或更长；除花序外，无毛，被有细小的钙质颗粒。叶薄，通常呈菱状卵形至狭长卵形，有时（未充分发育的）呈椭圆形或长倒卵形，先端骤尖而有小短尖，罕钝或微凹，基部为楔形，向下渐狭成柄，上部叶的叶柄基部常有小形半圆至长圆形的耳。穗状花序含 18～30 枚花；总花梗短，通常长 2～12 mm，穗轴与总花梗及其下方 1～2 节的茎上密被灰白色至淡黄褐色短绒毛。花冠为淡蓝色至蓝白色，冠檐宽阔，直径通常为 2.5～3.2 cm，裂片长 1.2～1.4 cm，宽约 1 cm，倒卵形，先端圆；雄蕊略露于喉部之外，花药为蓝色；子房近似梨形，有 5 棱，花柱无毛，柱头内藏。花期 6～9 月和 12～翌年 4 月。

产地生境： 分布于河南、山西、北京、江苏、上海、浙江。喜温暖，耐热，喜光照，耐阴，忌烈日曝晒，较耐高温高湿，干燥不利其生长，喜富含腐殖质、偏酸性的砂壤土，喜肥，需肥量大。

功用价值： 蓝雪花花期长，既可作为园林用地栽培品种，也可以盆栽点缀居室阳台。可入药，有活血止痛、化癌生新和消炎止痛、祛风湿的功效。

（二十九）蓝果树科

喜树 *Camptotheca acuminata* Decne.

别名： 千丈树、旱莲木、薄叶喜树

科属： 蓝果树科（Nyssaceae）、喜树属（*Camptotheca*）

物种保护：

CITES（2023）	IUCN（2025-1）	极小种群	中国生物多样性红色名录——高等植物卷（2020）	中国珍稀濒危植物图鉴	中国珍稀濒危植物信息系统"受威胁物种信息"
			LC 中国特有	收录	

形态特征： 落叶乔木，高达 20 余米。树皮灰色或浅灰色。小枝圆柱形，平展，当年生枝紫绿色，多年生枝淡褐色或浅灰色，有很稀疏的圆形或卵形皮孔；冬芽腋生，锥状。叶互生，纸质，矩圆状卵形或矩圆状椭圆形。头状花序近球形，常由 2～9 个头状花序组成圆锥花序，顶生或腋生，通常上部为雌花序，下部为雄花序。翅果矩圆形，两侧具窄翅，干燥后呈黄褐色。

产地生境： 分布于江苏南部、浙江、福建、江西、湖北、湖南、四川、贵州、广东、广西、云南。生于海拔 1 000 m 以下的林边或溪边。

功用价值： 喜树的树干挺直，生长迅速，可作为庭园树或行道树，树根可作为药用。

致危因素： 过度开发利用。

（三十）五列木科

厚皮香 *Ternstroemia gymnanthera*（Wight & Arn.）Bedd.

别名：猪血柴、秤杆木

科属：五列木科（Pentaphylacaceae）、厚皮香属（*Ternstroemia*）

物种保护：湖南省重点保护野生植物

CITES（2023）	IUCN（2025-1）	极小种群	中国生物多样性红色名录—高等植物卷（2020）	中国珍稀濒危植物图鉴	中国珍稀濒危植物信息系统"受威胁物种信息"
	LC		LC		

形态特征：常绿小乔木，高达 10 m；全株无毛；叶革质或薄革质，常簇生枝顶，椭圆形、椭圆状倒卵形或长圆状倒卵形，全缘；叶柄长 0.7～1.3 cm；花梗长约 1 cm，两性花；花淡黄白色。果球形，种子肾形，有肉质假种皮红色。花期 4～8 月，果期 7～10 月。

产地生境：分布于长江以南地区，日本、朝鲜和印度也有分布。生于海拔 1 500 m 以下的山地。

功用价值：厚皮香树姿优美，枝叶茂密，叶厚革质，入秋呈淡紫色，是优良的园林观赏和环境保护树种。材质坚重细致，是优良的用材。种子含油量为 18%～29%，可制作润滑油、油漆和肥皂。

致危因素：滥采滥伐，生境破坏。

（三十一）山茶科

红山茶 *Camellia japonica* L.

别名：山茶、山茶花、洋茶、茶花、晚山茶、耐冬、山椿、薮春、野山茶

科属：山茶科（Theaceae）、山茶属（*Camellia*）

物种保护：浙江省、江西省、山东省重点保护野生植物

CITES（2023）	IUCN（2025-1）	极小种群	中国生物多样性红色名录——高等植物卷（2020）	中国珍稀濒危植物图鉴	中国珍稀濒危植物信息系统"受威胁物种信息"
	LC		DD		

形态特征：常绿小乔木，高可达 13 m；枝黄褐色，嫩枝无毛。叶革质，椭圆形，长 5 ～ 10 cm，先端钝尖或骤短尖，基部宽楔形，两面无毛，侧脉 7 ～ 8 对，具钝齿。单花顶生及腋生，红色，花单瓣或重瓣，花无梗。蒴果球形，径 3 ～ 5 cm，3 开裂，果片木质，厚 3 ～ 5 mm。

产地生境：分布于我国浙江、山东、江西、四川、广西、广东、福建和台湾，南方各地都有栽培，日本也有分布。

功用价值：红山茶是名贵的观赏花木，园艺品种多，种子含油量为 45.2%，油可食用，并作为润发、防锈、制造肥皂、钟表润滑油及药用。红山茶野生资源稀少，山茶花已经被评为温州、宁波和金华市的市花。

致危因素：过度采挖，野生资源稀少。

（三十二）杜仲科

杜仲 *Eucommia ulmoides* Oliv.

别名：思仙、思仲、木棉、木绵、石思仙、扯丝皮、丝连皮、玉丝皮、丝棉皮

科属：杜仲科（Eucommiaceae）、杜仲属（*Eucommia*）

物种保护：浙江省、安徽省、河南省重点保护野生植物

CITES（2023）	IUCN（2025–1）	极小种群	中国生物多样性红色名录—高等植物卷（2020）	中国珍稀濒危植物图鉴	中国珍稀濒危植物信息系统"受威胁物种信息"
	VU		EW 中国特有		VU 中国特有

形态特征：落叶乔木，高达 20 m；树皮灰褐色，粗糙，内含橡胶，折断拉开有多数细丝。嫩枝有黄褐色毛，老枝有明显的皮孔。芽体卵圆形。叶椭圆形、卵形或矩圆形，薄革质，基部圆形或阔楔形，先端渐尖；老叶略有皱纹。花生于当年枝基部，雄花无花被，雌花单生。翅果扁平，长椭圆形，坚果位于中央，稍凸起。种子扁平，线形。

产地生境：分布于陕西、甘肃、河南、湖北、四川、云南、贵州、湖南及浙江，现各地广泛栽种。在自然状态下，生于海拔 300～500 m 的低山、谷地或低坡的疏林里，对土壤的选择并不严格，在瘠薄的红土或岩石峭壁均能生长。

功用价值：杜仲的树皮可入药，作为强壮剂及降血压，并能医腰膝痛，风湿及习惯性流产等。树皮分泌的硬橡胶供工业原料及绝缘材料，抗酸、碱及化学试剂的腐蚀的性能高，可制造耐酸、碱容量及管道的衬里。种子含油率达 27%。木材可供建筑及制家具。

致危因素：直接采挖或砍伐；生境退化或破碎。

（三十三）木樨科

日本女贞 *Ligustrum japonicum* Thunb.

别名： 台湾女贞

科属： 木樨科（Oleaceae）、女贞属（*Ligustrum*）

物种保护： 浙江省保护野生植物

CITES（2023）	IUCN（2025-1）	极小种群	中国生物多样性红色名录——高等植物卷（2020）	中国珍稀濒危植物图鉴	中国珍稀濒危植物信息系统"受威胁物种信息"
			LC		

形态特征： 大型常绿灌木，高 3～5 m，无毛。小枝灰褐色或淡灰色，呈圆柱形，疏生圆形或长圆形皮孔；幼枝圆柱形，稍具棱，节处稍压扁。叶厚革质，椭圆形或宽卵状椭圆形，叶缘平或微反卷，上面深绿色，光亮，下面黄绿色，具不明显腺点，两面无毛，中脉在上面凹入，下面凸起，红褐色，侧脉 4～7 对，两面凸起。圆锥花序塔形，无毛；花梗极短，长不超过 2 mm；小苞片披针形；花萼先端近截形或具不规则齿裂；花冠长 5～6 mm，花冠管长 3～3.5 mm，裂片与花冠管近等长或稍短，长 2.5～3 mm，先端稍内折，盔状；雄蕊伸出花冠管外，花丝几与花冠裂片等长，花药长圆形，长 1.5～2 mm；花白色。果长圆形或椭圆形，长 8～10 mm，宽 6～7 mm，紫黑色，外被白粉。花期 6 月，果期 11 月。

产地生境： 产于浙江舟山、象山等地，日本、朝鲜南部也有分布。生于低海拔的山坡林中或灌丛中。

功用价值： 日本女贞株型圆整，四季常青，可作为庭园观赏树种。

湖北梣 *Fraxinus hubeiensis* S.Z.Qu, C.B.Shang & P.L.Su

别名： 对节白蜡、湖北白蜡

科属： 木樨科（Oleaceae）、梣属（*Fraxinus*）

物种保护： 湖北省极小种群野生植物

CITES（2023）	IUCN（2025-1）	极小种群	中国生物多样性红色名录—高等植物卷（2020）	中国珍稀濒危植物图鉴	中国珍稀濒危植物信息系统"受威胁物种信息"
	EN		EN 中国特有		

形态特征： 落叶大乔木，高达 19 m，胸径达 1.5 m；树皮深灰色，老时纵裂；营养枝常呈棘刺状。小枝挺直，被细绒毛或无毛。羽状复叶，长 7 ～ 15 cm；叶柄长 3 cm，基部不增厚；叶轴具狭翅，小叶着生处有关节，至少在节上被短柔毛；小叶 7 ～ 9（11），革质，呈披针形至卵状披针形，长 1.7 ～ 5 cm，宽 0.6 ～ 1.8 cm，先端渐尖，基部楔形，叶缘具锐锯齿，上面无毛，下面沿中脉基部被短柔毛，侧脉 6 ～ 7 对；小叶柄长 3 ～ 4 mm，被细柔毛。花杂性，密集簇生于去年生枝上，呈甚短的聚伞圆锥花序，长约 1.5 cm；两性花花萼钟状，雄蕊 2，花药长 1.5 ～ 2 mm，花丝长 5.5 ～ 6 mm，雌蕊具长花柱，柱头 2 裂。翅果呈匙形，长 4 ～ 5 cm，宽 5 ～ 8 mm，中上部最宽，先端急尖。花期 2 ～ 3 月，果期 9 月。

产地生境： 分布于湖北，中国特有种。生于海拔 600 m 以下的低山丘陵地。

功用价值： 湖北梣树干挺直，材质优良，是良好的用材树种。树形优美、耐修剪，常用于园林绿化及盆景制作。

致危因素： 花期受灾害性天气影响结实，种子具深休眠特性，种子在常规播种后需 1 年才能发芽；根系较浅、生长较缓慢，种间竞争力弱。重利用轻保护，乱砍滥伐严重。

（三十四）冬青科

大叶冬青 *Ilex latifolia* Thunb.

　　别名：苦丁茶

　　科属：冬青科（Aquifoliaceae）、冬青属（*Ilex*）

　　物种保护：安徽省重点保护野生植物

CITES（2023）	IUCN（2025−1）	极小种群	中国生物多样性红色名录—高等植物卷（2020）	中国珍稀濒危植物图鉴	中国珍稀濒危植物信息系统"受威胁物种信息"
	LC		LC		

　　形态特征：常绿大乔木，高达 20 m，胸径 60 cm，全体无毛；树皮灰黑色；分枝粗壮，具纵棱及槽，黄褐色或褐色，光滑，具明显隆起、阔三角形或半圆形的叶痕。叶厚革质，长圆形或卵状长圆形，先端钝或短渐尖，基部圆形或阔楔形，边缘具疏锯齿，齿尖黑色，叶面深绿色，具光泽，背面淡绿色，中脉在叶面凹陷，在背面隆起，侧脉每边12～17条，在叶面明显，背面不明显；叶柄粗壮，近圆柱形，上面微凹，背面具皱纹；托叶极小，宽三角形，急尖。花淡黄绿色，4 基数。果球形，直径约 7 mm，成熟时红色。

　　产地生境：分布于江苏、安徽、浙江、江西、福建、河南、湖北、广西及云南东南部。生于海拔 250～1 500 m 的山坡常绿阔叶林中、灌丛中或竹林中。

　　功用价值：大叶冬青枝叶浓密，分枝匀称，植株优美，可作庭园观果树种和绿化树种，适宜做园林中的中层树种配置。对植或列植于庭前、门旁，丛植于草坪或路边、林缘均适宜。本种的木材坚实，结构细匀，容易加工，可作为细木工、雕刻与器具、农具等用材。树皮可提栲胶，叶片可用来制作苦丁茶，具有降血压、血脂、胆固醇、抗衰老等作用。

铁冬青 *Ilex rotunda* Thunb.

别名： 救必应、红果冬青、白银木、白银香、过山风、红熊胆、熊胆木、羊不食

科属： 冬青科（Aquifoliaceae）、冬青属（*Ilex*）

物种保护：

CITES（2023）	IUCN（2025-1）	极小种群	中国生物多样性红色名录—高等植物卷（2020）	中国珍稀濒危植物图鉴	中国珍稀濒危植物信息系统"受威胁物种信息"
	LC		LC		

形态特征： 常绿灌木或乔木，高可达 20 m，胸径达 1 m；树皮灰色至灰黑色。小枝圆柱形，挺直，较老枝具纵裂缝，当年生幼枝具纵棱，顶芽圆锥形，小。叶卵形、倒卵形或椭圆形，薄革质或纸质，叶柄长 8 ～ 18 mm，无毛。雄花序总花梗长 3 ～ 11 mm，花白色；雌花序具 3 ～ 7 花，花白色。果近球形或稀椭圆形，直径 4 ～ 6 mm，成熟时红色。

产地生境： 产于长江以南至广东、广西、台湾等地，朝鲜、日本和越南北部也有分布。生于海拔 400 ～ 1 100 m 的山坡常绿阔叶林中和林缘。

功用价值： 铁冬青叶和树皮可入药，也可作兽医用药。枝叶作造纸糊料原料。树皮可提制染料和栲胶。木材可作细工用材。是良好的园林绿化树种。

（三十五）荚蒾科

日本荚蒾 *Viburnum japonicum*（Thunb.）C. K. Spreng.

别名： 海岛荚蒾

科属： 荚蒾科（Viburnaceae）、荚蒾属（*Viburnum*）

物种保护： 浙江省重点保护野生植物

CITES（2023）	IUCN（2025-1）	极小种群	中国生物多样性红色名录—高等植物卷（2020）	中国珍稀濒危植物图鉴	中国珍稀濒危植物信息系统"受威胁物种信息"

形态特征： 常绿灌木或亚乔木，叶革质，卵形、近圆形或宽倒卵形，浓绿而光亮。花朵密集，白色，果实成熟时红色，经冬不凋。

产地生境： 日本荚蒾为中国—日本间断分布种，在中国仅仅分布在浙江省台州市椒江区大陈岛，临海市头门岛和雀儿岙，舟山市普陀区福山岛等海岛。生于海岛低海拔杂木林中。

功用价值： 日本荚蒾是优良的观赏花木。野生的日本荚蒾生长在海岛西北面山坡的松林下，灌草丛及乱石堆中，日本荚蒾可作为园林中的中层灌木配置，也可用来制作盆景。

致危因素： 自然分布区狭窄，野外种群分散而且数量稀少，受到人类活动的频繁干扰。生境地丧失，种间竞争弱与天然更新慢。

琼花荚蒾 *Viburnum macrocephalum f. keteleeri*

别名： 琼花

科属： 荚蒾科（Viburnaceae）、荚蒾属（*Viburnum*）

物种保护： 浙江省重点保护野生植物

CITES（2023）	IUCN（2025-1）	极小种群	中国生物多样性红色名录—高等植物卷（2020）	中国珍稀濒危植物图鉴	中国珍稀濒危植物信息系统"受威胁物种信息"

形态特征： 落叶灌木。聚伞花序仅周围具大型的不孕花，花冠直径 3 ～ 4.2 cm，裂片呈倒卵形或近圆形，顶端常凹缺；可孕花的萼齿卵形，长约 1 mm，花冠白色，辐状，直径 7 ～ 10 mm，裂片宽卵形，长约 2.5 mm，筒部长约 1.5 mm，雄蕊稍高出花冠，花药近圆形，长约 1 mm。果实红色，而后变黑色，椭圆形，长约 12 mm；核扁，矩圆形至宽椭圆形，长 10 ～ 12 mm，直径 6 ～ 8 mm，有 2 条浅背沟和 3 条浅腹沟。花期 4 月，果熟期 9 ～ 10 月。

产地生境： 分布于江苏南部、安徽西部、浙江、江西西北部、湖北西部及湖南南部。生于丘陵、山坡林下或灌丛中。庭园亦常有栽培。

功用价值： 琼花荚蒾是庭园中著名的观赏树种，可孤植后成片栽种，在园林植物配置中常作为中层花卉。

（三十六）五加科

幌伞枫 *Heteropanax fragrans*（Roxb.）Seem.

别名： 五加通、大蛇药、心叶幌伞枫、狭叶幌伞枫、富贵树

科属： 五加科（Araliaceae）、幌伞枫属（*Heteropanax*）

物种保护： 海南省重点保护野生植物

CITES（2023）	IUCN（2025–1）	极小种群	中国生物多样性红色名录—高等植物卷（2020）	中国珍稀濒危植物图鉴	中国珍稀濒危植物信息系统"受威胁物种信息"
	LC		LC		

形态特征： 常绿乔木，高 5～30 m，胸径达 70 cm，树皮淡灰棕色，枝无刺。叶大，三至五回羽状复叶，直径达 50～100 cm；叶柄长 15～30 cm，无毛或几无毛；托叶小，和叶柄基部合生；小叶片在羽片轴上对生。圆锥花序顶生，花为淡黄白色，芳香。果实卵球形，略侧扁，黑色。

产地生境： 分布于云南、广西、广东、海南，印度、不丹、锡金、孟加拉国、缅甸和印度尼西亚亦有分布。生于海拔 1 300～1 400 m 的森林中。

功用价值： 幌伞枫的根和皮均可入药，可治烧伤、疖肿、蛇伤及风热感冒，髓心利尿。树冠圆整，可栽培作为庭园风景树和行道树。

三、近年引进的珍贵园林树种

　　台州科技职业学院校园植被繁茂、园林植物种类丰富。2018年以来，校园除大力引进珍稀濒危植物外，还陆续引进了北美红杉、日本冷杉等著名园林树种和槭树类、樱花类、月季类等观赏树木的许多名贵品种。

（一）北美红杉 *Sequoia sempervirens*（D. Don）Endl.

别名：红杉、长叶世界爷

科属：柏科（Cupressaceae）、北美红杉属（*Sequoia*）

形态特征：常绿大乔木，在原产地高达 110 m，胸径达 8 m；树皮红褐色，纵裂；树冠圆锥形，枝条水平开展；主枝的叶呈卵状矩圆形，侧枝的叶呈条形；雄球花卵形；球果卵状椭圆形或卵圆形，淡红褐色；种子椭圆状矩圆形，淡褐色，两侧有翅。

产地生境：分布在北美洲美国西太平洋沿岸的狭窄地带。上海、南京曾经引种。1972年 2 月，美国总统尼克松访华时，作为礼物赠送给我国，种植于杭州植物园，该地后来已成为各地引种的种源基地。目前，在四川、云南、贵州、上海、浙江、江苏、福建等地区均有栽培。喜温暖至温凉、无酷暑、无严寒、多雾的湿润至半湿润气候。喜土层深厚、肥沃、湿润、排水良好的微酸性黄红壤或红壤。

功用价值：北美红杉树形伟岸，生长速度快，四季常绿，是世界著名的园林观赏树种，可作为独赏树、行道树栽培，也可群植成林。树干通直，材质优良，纹理清晰，加工性能好，耐腐能力强，为重要的建筑、家具、船舶、箱板、桶材、纸浆林、胶合板等用材。

（二）日本冷杉 *Abies firma* Siebold et Zucc.

科属：松科（Pinaceae）、冷杉属（*Abies*）

形态特征：乔木，在原产地高达 50 m，胸径达 2m；树皮暗灰色或暗灰黑色，粗糙，鳞片状开裂；树冠塔形，大枝通常平展；一年生枝淡灰黄色，二至三年生枝淡灰色或淡黄灰色；冬芽卵圆形，有少量树脂。叶条形，直或微弯，长 2～3.5 cm，近于辐射伸展，或枝条上面的叶向上直伸或斜展，枝条两侧及下面的叶排成两列，先端钝而微凹。幼树的叶有 2 个边生的树脂道，壮龄树及果枝之叶的树脂道有 4 个（2 个中生，2 个边生）或仅有 2 个中生树脂道。球果圆柱形，成熟前为绿色，成熟时黄褐色或灰褐色；花期 4～5 月，球果 10 月成熟。

产地生境：原产于日本。中国辽宁旅顺、山东青岛、江苏南京、浙江莫干山、江西庐山及台湾等地区作为庭园树栽培。喜冷凉湿润气候，喜深厚肥沃土壤。

功用价值：日本冷杉树形优美，秀丽可观。木材白色，不分心材与边材。材质轻松，纹理直，易于加工，是建筑、家具、造纸的优良材料。

（三）多花蓝果树 *Nyssa sylvatica* Marshall

别名： 美国紫树

科属： 蓝果树科（Nyssaceae）、蓝果树属（*Nyssa*）

形态特征： 落叶大乔木，树高 9 ～ 20 m。叶互生，倒卵形或椭圆形，纸质或厚纸质，全缘，夏季叶片呈油亮的深绿色，一旦进入秋季，叶子便依次逐渐变为黄色、橘黄色、橘红色，直至变为鲜红色。树冠呈圆锥形。枝条水平生长，枝干呈红棕色，光滑。花期 5 月，花小，白色，略带嫩绿，雌雄异株，春、夏季结果，核果深蓝色，长椭圆形，在 9 ～ 10 月成熟。

产地生境： 原产于北美，从加拿大到墨西哥湾都有分布。该树种在中国黄河以南地区应用最为适宜，是该地区珍贵的秋色叶树种。喜光、喜温暖湿润气候，土层深厚，在潮湿、排水良好的微酸性或中性土壤中生长良好。能耐 −10 ℃的低温，抗病虫害能力强。

功用价值： 多花蓝果树是世界著名的珍贵彩叶观赏树种，可广泛种植于公园、街道、小区等，是优良的景观绿化树种。多花蓝果树还是优良的滨水乔木树种。在植物种植设计中，可充分利用它树体较高，树冠轮廓线优美，入秋叶色斑斓的优势，作为良好的水边倒影树种。

（四）加拿大紫荆 *Cercis canadensis* L.

科属：豆科（Fabaceae）、紫荆属（*Cercis*）

形态特征：落叶丛生灌木或小乔木，高 6～9 m。幼枝有时被短柔毛。叶互生；心形或宽卵形，先端急尖，基部截形、浅心形至心形，全缘，下面沿脉或基部脉腋有白色短柔毛，基出掌状 5～7 脉，通常 7 脉；托叶脱落性，有时可长达 10～15 mm；叶柄细长，无毛，有时被短柔毛。雌雄同株，花簇生于老枝上；花常先叶开放，嫩枝及幼株上的花与叶同时开放；花萼暗红色；花冠粉红色或玫瑰色。荚果长椭圆形，扁平，沿腹缝线有狭翅，网脉明显，种子 10～12 粒，扁圆形，栗棕色。花期 4～5 月，果期 8～10 月。

产地生境：原产于墨西哥和美国。中国北方各地常见栽培。喜光，抗寒性强，略耐阴；对土壤要求不严，喜肥，在疏松、排水良好的土壤中生长良好。

功用价值：加拿大紫荆是优良的庭园观赏树种。木材密度大、坚硬，条纹细密，可作为家具、装饰、建筑等用材。花可食，为蜜源植物。树皮可提取收敛剂，可入药。

（五）欧洲荚蒾 *Viburnum opulus* L.

别名： 欧洲琼花、欧洲木绣球、雪球

科属： 荚蒾科（Viburnaceae）、荚蒾属（*Viburnum*）

形态特征： 落叶灌木，高达 1.5～4 m；当年小枝有棱，无毛，有明显凸起的皮孔，二年生小枝带色或红褐色，近似圆柱形，老枝和茎干为暗灰色，树皮质薄而非木栓质，常纵裂。单叶对生，小枝上部叶片狭长而不分裂，叶柄粗壮，有明显的长盘状腺体；复伞形聚伞花序，白色；核果近似圆形，成熟时红色；花期 5～6 月，果熟期 9～10 月。

产地生境： 原产于欧洲、北非及亚洲北部，中国华北、西北、西南也有分布。性喜阳光，稍耐阴，怕旱又怕涝，较耐寒。以湿润、肥沃、排水良好的壤土为宜，适应性较强。萌芽、萌蘖力强。

功用价值： 欧洲荚蒾有一定的药用价值，果实制作的果酱可治疗和预防高血压、高血脂，食用可能会引起腹泻或呕吐，树皮可以舒缓分娩时的疼痛及痛经、肌肉痉挛带来的不适感。

（六）金叶水杉 *Metasequoia glyptostroboides* 'Gold Rush'

别名： 黄金水杉、金水杉

科属： 柏科（Cupressaceae）、水杉属（*Metasequoia*）

形态特征： 落叶乔木，幼树树冠尖塔形，老树圆锥形。树皮红褐色，叶扁平线形，树干通直挺拔，树枝向侧面延展，宝塔形。叶片在春、夏、秋三个生长期内均呈现出金黄色，基本没有褪色现象。雌雄同株，球果近圆形，种子倒卵形，扁平。

产地生境： 金叶水杉原产于日本，是水杉的一个栽培变种。在中国栽培分布很广，北起河北、山东，南至广东、福建；东自浙江、江苏、上海，西达四川均有分布。金叶水杉的适应能力很强，但要求较高的相对空气湿度；喜光不耐阴，若光照不足会影响叶色；不耐干旱和瘠薄，喜湿润，但怕积水，对土壤要求不严，在土层深厚、湿润、肥沃、排水良好的砂壤土或黄褐土中生长良好，轻盐碱地也可以生长。

功用价值： 金叶水杉在生长季，叶色能长期保持金黄色，是优秀的乔木类彩叶树种。树形雄伟挺拔，可孤植作为独赏树；树干端直，冠形整齐，可列植为行道树，营造金光大道景观；可作纯林配置，形成金色森林，也可与绿色叶或其他色叶树种搭配成景。金叶水杉的叶片挥发物中含有大量具有镇咳、祛痰、平喘及消炎等作用的活性成分，在医药化工方面具有开发潜力。

（七）火焰南天竹 *Nandina domestica* 'Firepower'

科属： 小檗科（Berberidaceae）、南天竹属（*Nandina*）

形态特征： 常绿小灌木。茎常丛生而少分枝，植株高为 0.3 ～ 0.4 m；幼枝常为红色，老后呈灰色。二回三出复叶，偶尔有羽状复叶，互生，集生于茎的上部；小叶呈卵形、长卵形或卵状长椭圆形，薄革质，先端渐尖，基部为楔形，全缘，两面无毛；总叶柄较短，中间的小叶柄长于两边小叶柄；幼叶为暗红色，后变绿色或带红晕，入冬呈红色，红叶经冬不凋。花小，白色，具芳香。浆果呈球形，成熟时为鲜红色；种子呈扁圆形。

产地生境： 国外育成的南天竹园艺品种，上海植物园作为资源收集从欧洲引进，目前我国南北各地多有引种栽培。喜光、喜温暖湿润的气候；喜欢在疏松排水的土壤中生长，在干旱瘠薄的土壤中生长缓慢。

功用价值： 火焰南天竹株型矮小，枝叶浓密，叶形优美，秋冬叶色艳丽，是园林小品的点缀佳品，庭院墙隅和赏石相配的优良材料。可作为色块种植于林缘溪边，也可丛植于假山、路口。耐阴性好，可作为林下配植。

（八）樱花类 *Prunus* subg. *Cerasus* sp.

樱花是指蔷薇科（Rosaceae）李亚科（Prunoideae）李属（*Prunus*）樱亚属（Subg. *Cerasus*）植物的统称。全世界有樱花约 55 种，主要分布于北半球亚热带和温带地区，主要种类分布在中国、日本和朝鲜半岛。在《中国植物志》和 Flora of China 中樱花归为樱属 *Cerasus* 典型樱亚属 Subg.*Cerasus*，《中国植物志》记载中国分布着 38 种 8 变种，Flora of China 记载 37 种 6 变种。

樱花为早春主要观赏花木，品种繁多，株型优美、花色艳丽、适应性强，极具观赏价值，被广泛应用于公园、学校、街道、庭院等绿化中。目前，我校有日本樱花、山樱花 2 个种及山樱花的变种日本晚樱。近年来引进的樱花类品种有关山、松月、郁金、白妙 4 种。

（1）关山樱 *Prunus serrulata* var. *lannesiana* 'Sekiyama'

品种简介： 别名红缨。落叶小乔木，平均高度为 2.5 m。花期 3 月底或 4 月初，花叶同开。花浓红色，有淡香味；花瓣重瓣，约 30 枚；2 枚雌蕊叶化，因此不能结实。春叶为茶褐色，秋叶为橙黄色。

（2）松月樱 *Prunus serrulata* var. *lannesiana* 'Superba'

品种简介： 山樱系的园艺栽培品种，落叶小乔木，成年树高 4～5 m，树形呈伞状，树枝柔软下垂。花期在每年的 4 月上旬至中旬，花叶同放。花蕾红色，随着花朵开放渐变为白色。

（3）郁金樱 *Prunus serrulata* 'Grandiflora'

品种简介：别名绿缨。落叶乔木，高7～9 m。花期4月中旬，花叶同放（先叶后花）。花的颜色为黄绿色，为绿樱花的一种，花径为4 cm，花瓣有10～20枚。有单瓣和重瓣之分，以重瓣居多，约15枚。初开时花色一致，后外层花瓣略带淡红色。幼叶为茶褐色。

（4）白妙樱 *Prunus serrulata* var. *lannesiana* 'Sirotae'

品种简介：山樱系的园艺栽培品种，落叶小乔木，高5～7 m，伞状树形，枝横展，树皮灰棕色。花叶同放。花蕾浅粉色，花朵白色，花瓣10～20枚，花瓣质地较厚，伞房状花序，花径为4～5 cm，略下垂，有淡香。嫩叶为黄绿色带褐色。

（九）月季类

月季（*Rosa chinensis*）原产于中国，是蔷薇属的一个种，与蔷薇（*Rosa multiflora*）、玫瑰（*Rosa rugosa*）并称为"蔷薇园三姊妹"。在英语中，将月季、蔷薇、玫瑰等蔷薇属花卉统称为"rose"，由于英文名称的单一及蔷薇属花卉大量的人工杂交，常引起一定程度的命名混乱。目前，月季花（日常中多称为"玫瑰"）常用来泛指供观赏的蔷薇属植物，其中包括自然物种，更多的则是人工育成的杂交品种。在园艺上可按其来源及亲缘关系分为自然种月季花（Species roses，简称 SP 系）、古典月季花（Old garden roses）及现代月季花（Modern roses）3 大类。其中，现代月季花是当今栽培月季花的主体。

现代月季有 24 000 余个品种，常根据种源、树形、花朵和生长习性等特点进行分类，主要有灌丛月季（灌木型月季）（S）、杂种香水月季（HT）、聚花月季（丰花月季）（F/FI）、微型月季（Min）、藤本月季（攀缘月季、杂交藤本月季）（CI）、蔓性月季（地被月季）（R）、小姐妹月季（Pol）、壮花月季（Gr）。

1.藤本月季

（1）黄金庆典（Golden Celebration 或 AUSgold）

品种简介： 别名金色庆典。1992 年，英国大卫·奥斯汀（David C. H Austin）育成，因纪念英国伊丽莎白女王登基四十周年而命名。亲本：查尔斯·奥斯汀（Charles Austin）×亚伯拉罕·达比（Abraham Darby）。藤本月季，株高 150 ～ 300 cm。花色为金黄色或深黄色，花形呈杯状，花径 8 ～ 12 cm，重瓣，55 ～ 75 枚。花开初期为浓郁茶香味，逐渐变为酒香味。多季重复开花。枝条呈弧形下垂，叶片有光泽，鲜绿色，株型丰满美观，可作为庆祝和重要场合的首选月季品种。

（2）粉色龙沙宝石（Rose Eden 或 Meiviolin）

品种简介： 别名龙沙宝石或粉龙。1985 年法国玫昂公司（Meilland）培育，获得玫瑰协会世界联合会的最高评奖"世界最喜欢的玫瑰"称誉。亲本：音乐舞者（Music Dancer）×粉色奇迹（Pink Wonder）。藤本月季，株高 150 ～ 250 cm。漂亮的粉白色，花朵边缘为柔粉色，球杯状重瓣花型，花径 8 ～ 10 cm，重瓣，55 ～ 70 枚。淡香味。单季开花，秋季少量复花。叶片为深绿色，有油亮光泽。具有非常好的耐寒性。

（3）红色龙沙宝石（Red Eden Rose）

　　品种简介： 别名红龙、红色伊甸园。2002 年法国玫昂公司（Meilland）培育。藤本月季，株高 200～400 cm。深红色杯状花，花朵饱满紧实，小簇聚群式开放，重瓣，100 枚，花径 8～10 cm，多季重复开花，淡香味，单花期 5～7 天，花苞不耐雨淋，淋雨后容易腐烂。抗病性强，非常耐热，稍抗寒。

（4）紫袍玉带（Royal Mondain）

　　品种简介： 别名银线绣红包。1890 年法国玛丽·露易丝（Marie Louise）培育，另有观点认为是中国古老月季。藤本月季，可藤可灌，株高 180～350 cm。紫红色花朵，花瓣边缘带有白色花边，因与中国古代的服装"紫袍玉带"相似而得名。花重瓣，30～40枚，深杯状花型，花径 8～12 cm，浓郁的老玫瑰香气，花期春季，秋季偶尔复花。耐热，稍耐阴。

（5）罗衣（Silk Garment）

品种简介： 2012 年中国姜正之培育。藤本月季，植株高为 200～400 cm。花朵中心浅玫红色，外瓣淡粉紫色，初开色浅，后期中心渐深；多季重复开花，花型为圆润杯形与传统高心翘脚花型结合，波浪边明显；花朵直径 8～10 cm，花重瓣，55～70 枚；花香浓烈；生长速度快，枝条无刺或少刺，具较强的适应性和抗病性。

（6）娜希玛（Nahéma 或 Naema）

品种简介： 别名娜荷马、娜河马。1991 年法国乔治·戴尔巴德（Georges Delbard）培育。藤本月季，株高 200～300 cm。浅粉色花朵，色调优雅，杯状花型，花径 6～8 cm，花瓣数量为 28 枚左右，花朵饱满，花量多，多数单生或小簇生，单花花期 3 日左右。具有强烈的水果香。对白粉病、黑斑病抗性强，耐寒、耐热。可藤可灌，开花后重剪可控高度。嫁接在蔷薇上亲和力强，也可作为树状月季。

（7）雀之舞（Quezhiwu）

品种简介： 2018 年以前中国姜正之培育。亲本：月月红 × 葡萄园之歌，三倍体。藤本月季，株高 200 ～ 300 cm。紫红色花朵，小型花，花径 4 cm，簇状开放，勤花，花量大，花太多的时候枝条容易下垂，犹如孔雀尾巴，故取名雀之舞。花期 5 天，多季重复开花，混合香味。叶片油亮有光泽，抗病性强，耐热。

（8）安吉拉（Angela）

品种简介： 1984 年德国雷默·科德斯（Reimer Kordes）培育。亲本：Yesterday × Peter Frankenfeld。藤本月季，株高 150 ～ 350 cm。多季重复开花，粉红色花朵，杯状花型，小型花，花径 3 ～ 5 cm，半重瓣，簇花，小集群开放，花量多，花期长，淡香味，叶片油亮呈革质，刺少。耐热耐寒性好，抗病虫害能力较强。

（9）藤彩虹（Cl Rainbow's End）

品种简介： 别名藤本彩虹果冻、藤本彩虹仙境。1998 年美国奥布赖恩（O'Brien）培育。藤本月季，株高 100～300 cm。复色花朵，花色丰富，有红色、粉色、白色、黄色等多种颜色，重瓣，30～36 枚，枝条柔软、细长、有韧性，半直立型长势，花径 5～8 cm，花初开金黄、中期镶红、后期桃红，多季重复开花，淡香味，分枝众多，花量大，抗病性强，耐寒性好。

（10）大游行（Parade）

品种简介： 1953 年美国伯尔纳（Boerner）培育。大型藤本月季，株高 200～400 cm。深粉色花朵，重瓣，33 枚，花径 8～10 cm，淡香味，杯状花，多季重复开花，勤花，生长速度快，耐寒耐热，适应性强。

（11）斑纹博洛尼亚（Variegata di Bologna）

品种简介： 别名撕破美人脸。1990 年意大利马西米利亚诺·洛迪（Massimiliano Lodi）发现。是维克托·伊曼纽尔（Victor Emmanuel）的芽变品种。藤本月季，株高 180～300 cm。藤性较差，可当灌木培育。单季开花，花朵红白条纹相间，花径 8～10 cm，重瓣，40 枚，球形开花，浓郁老玫瑰香味，抗病性一般，容易发生黑斑病。

（12）御用马车（Parkdirektor Riggers）

品种简介： 1957 德国雷默·科德斯（Reimer Kordes）培育。大型藤本月季，株高 300～400 cm。红色花朵，花径 10～13 cm，多季重复开花，花头众多，花期长，香味淡，耐晒，耐雨淋，勤花，生长速度快，攀缘性强，叶子深绿色，有光泽，抗病性强。

（13）胭脂扣（Rouge）

品种简介：2012 年中国姜正之培育。藤本月季，株高 150～300 cm。多季节重复开花，花朵内红外粉，花型较小，花径 3～4 cm，重瓣，单花期 7～10 天，集群成簇开花，丰花性能好，花量极多，单个花枝能同时开十几朵花，无香味。枝条柔软，抗病能力强，耐阴，耐贫瘠，长势快。

2. 灌木月季

（1）新想象（New Imagine）

品种简介： 别名新幻想。2004 年法国弗朗索瓦·多里尔（Francois Dorieux）培育。灌木月季，株高 80 ～ 100 cm。深紫红色和粉白色条纹花朵，大花月季，花径 8 ～ 10 cm，多季重复开花，集群成簇开放，香味浓烈。抗病性强，长势强健。

（2）夏洛特夫人（Lady of Shalott 或 AUSnyson）

品种简介： 别名夏洛特女郎。2007 年英国奥斯汀（Austin）培育。大型灌木月季，株高 100 ～ 300 cm。杏黄色花朵，花瓣数量可达 60 枚，花径 6 ～ 8 cm，中等混合香味，多季节重复开花，多头开放，花量丰富，适应性强，抗病性强。

（3）红色重瓣绝代佳人（The Red Double Knock Out® Rose）

品种简介： 1995 年美国威廉·拉德勒（William Radler）培育。灌木月季，植株高度为 100 cm。红色花，半重瓣。丰花月季，清香，株型饱满。开花从春季 5 月持续到霜降（约 11 月初）。叶子为深绿色，革质有光泽，非常抗病，且耐寒性、耐热性均好，可种植于全日照或半阴处位置。该系列月季具有花色美丽、开花勤、花量多、复花性好、持续开花不断、少修剪，几乎不用打药，低维护的优点。

（4）粉色重瓣绝代佳人（The Pink Double Knock Out® Rose）

品种简介： 2004 年美国大卫·F.科克罗夫特（David F. Cookcroft）发现。是红色重瓣绝代佳人（The Red Double Knock Out® Rose）的芽变品种。灌木月季，植株高度为 100 cm。粉色花，半重瓣。丰花月季，清香，株型饱满。开花从春季 5 月持续到霜降（约 11 月初）。叶子为深绿色，革质有光泽，非常抗病，且耐寒性、耐热性均好，可种植于全日照或半阴处位置。该系列月季具有花色美丽、开花勤、花量多、复花性好、持续开花不断、少修剪，几乎不用打药，低维护的优点。

（5）大紫光（Big Purple）

品种简介： 别名大紫袍。1985年新西兰帕特·斯蒂芬斯（Pat Stephens）培育。大型灌木月季，株高120～180 cm。大花月季，花径12 cm，花瓣有45枚。紫色，强香。颜色随季节而变化，在某些情况下可能会是深红色而不是紫色。花朵怕雨，在干燥的气候中生长旺盛。

（6）亚力克口红（Alec's Red）

品种简介： 别名亚力克红、亚历克红。1970年苏格兰亚力克·科克（Alexander Cocker）培育。中型灌木月季，株高100～140 cm。深红色，大花品种，单头开放，花朵直径13～15 cm，呈杯形，中间有紧密卷曲的花瓣，花期8～10天，花瓣有36～45枚，香气浓郁。叶片厚而大，为无光泽的深绿色。

（7）漂亮的吻（Pretty Kiss）

品种简介： 2006 法国玫昂国际（Meilland International）培育。灌木月季，株高 120～150 cm。花白色，边缘红色。大花，花径 11 cm。单瓣，4～8 枚。平坦式开花，多季节重复盛开，无香味。叶子大，深绿色有光泽。枝条浓密，直立，抗病性强。

（8）红双喜（Double Delight）

品种简介： 别名 ANDeli。1977 年美国斯威姆·埃利斯（Swim & Ellis）培育，世界上分布最广的现代月季之一。多次荣获园艺大奖，1985 年被世界月季联合会（WFRS）入选世界玫瑰殿堂。亲本：Grannada × Garden Party。灌木月季，株高 90～150 cm，株型直立挺拔。花心部分是奶油黄，外面是深红色，随着花朵绽放深红色逐渐扩大。大花月季，花径 12～14 cm，花瓣有 40～50 枚，香气浓郁。叶子大，深绿色，直立分枝多，植株健壮，抗病能力强。

（9）克劳德·莫奈（Claude Monet）

品种简介： 简称莫奈。美国园艺作家兼独立育种家杰克·克里斯坦森（Jack E. Christensen）培育，1992年法国戴尔巴德（Delbard）公司推出，以法国画家、印象派代表人物和创始人之一克劳德·莫奈（Claude Monet，1840—1926）命名。株高100 cm左右，花朵直径8 cm左右，为重瓣花，具有粉红、黄色条纹，中等香味，且具有多季重复开花的特点。在高温季节颜色会变淡甚至消失，花朵变小，气温一旦转凉花色就会恢复，条纹变得明显，花朵变得饱满。抗病性强。属于勤花类型的月季。无论是盆栽还是地栽都很适合。

3. 微型月季

（1）姬乙女（Suehime）

品种简介： 1990 年日本岩本良一、谏山久美培育。微型月季，高 10 ～ 15 cm，花径只有 1 cm 左右，花朵颜色会从一种少女粉色逐渐变为白色，开花量也比较多。花色随气温而变化，温度越高，色彩越淡。

（2）果汁阳台（Juicy Terrazza）

品种简介： 荷兰迪瑞特（De Ruiter）培育。微型月季，高 30 ～ 50 cm。橙色花朵，花色艳丽漂亮，花径 6 ～ 8 cm，花瓣有 40 多枚，多季重复开花，多头开放，花大勤花，花期长，淡香味，耐热性好，抗病性强，易养护。

（十）槭树类

槭树类是无患子科（Sapindaceae）槭属（*Acer*）植物的统称。该属全世界有200余种，分布于亚洲、欧洲及美洲地区。中国约有140余种槭属植物，是槭树种类最多的国家。

槭树是一类多产业链的生态型经济树种，集生态、社会、经济、医疗、保健和景观于一体。木材坚硬耐磨，材质细密，纹理美观。树体富含人体所必需的氨基酸、脂肪酸、脂溶性纤维素、矿质元素和多种生理活性物质。槭属许多种具有叶色绚烂、树形婀娜多姿等观赏特性，常作为行道树或绿化城市的庭园树种被广泛种植。

目前，校园的槭属植物有鸡爪槭、三角槭、毛脉槭、橄榄槭、血皮槭、梓叶槭6种。其中梓叶槭是国家Ⅱ级保护植物，被世界自然保护联盟（IUCN）列为易危（VU）植物，血皮槭被世界自然保护联盟（IUCN）列为濒危（EN）植物。

校园槭属植物中的园艺品种主要是鸡爪槭（*Acer palmatum* Thunb.）及其变种美丽鸡爪槭（*Acer palmatum* var.amoenum）的园艺品种，包括红枫等浙江省园林中常见栽培的品种及近年来引进的"日本枫树"系列品种。

鸡爪槭　　　　　　　　　毛脉槭　　　　　　　　　血皮槭

橄榄槭　　　　　　　　　三角槭　　　　　　　　　梓叶槭

（1）剑舞 *Acer amoenum* 'Ken bu'

品种简介：落叶小乔木，叶5～7裂，叶裂深达叶基部或近基部，裂片边缘有锯齿。新叶赤茶色，春叶黄绿色、叶尖赤茶色，夏叶绿色，秋叶逐渐变为红色。

（2）紫清姬 *Acer palmatum* 'Murasaki-kiyohime'

品种简介：鸡爪槭品种，落叶小乔木。叶掌状5～7裂，新叶黄色，裂片边缘带有赤茶色和棕色的边晕；夏叶绿色，秋天叶子橙红色。春、夏、秋不同季节色彩变换丰富且靓丽，枝叶茂密，耐修剪，易呈球形，具有极高观赏性；生长速度较慢，性状稳定，适应性强。

（3）星屑 *Acer palmatum* 'Hoshi kuzu'

品种简介：叶 5 ～ 7 裂，裂片较深，裂至 1/3 左右。新叶浅黄色，春叶黄绿色，成熟叶绿色或绿色边缘带有浅黄色，或沿中间叶脉两侧分别为绿色和浅黄色，夏梢叶黄色。叶片基部为心形或近截形，叶缘有细锯齿；叶片较小，茂密；叶片抗灼伤能力较强。

（4）红千鸟 *Acer palmatum* 'Beni chidori'

品种简介：鸡爪槭品种，落叶小乔木，植株分枝较密，叶较小，植株较矮小，适合做盆景或盆栽。叶掌状 5 深裂，叶裂片边缘有锯齿。新叶红色，春叶黄绿色，裂片边缘有红褐色的边晕；夏叶绿色，秋天叶子渐变为红色。当年生枝条生长季为红色，多年生枝条生长季为红紫色。

（5）置霜 *Acer palmatum* 'Okushimo'

品种简介： 叶纸质，掌状 5 ～ 7 裂，裂片内侧向上翻卷，边缘具锯齿，叶背具有白粉。嫩叶黄绿色，边缘略带褐色边晕；春叶绿色，边缘略带褐色边晕；夏叶绿色；秋叶渐渐变为黄色或赤橙色。

（6）葛城山 *Acer sieboldianum* 'Katsuragi san'

品种简介： 落叶小乔木。单叶对生，掌状 7 ～ 9 裂，裂片长卵圆形，边缘粗锯齿，叶纸质。新叶叶脉绿色，叶片橙红色，新枝被白色柔毛，柔毛慢慢脱落；春叶黄绿色，夏叶逐渐变为绿色，秋叶变为赤茶色。

（7）洛丽塔 *Acer palmatum* 'Lozita'

品种简介：落叶小乔木。单叶对生，叶片纸质，常掌状 7 裂，裂片披针形，先端长渐尖，边缘具粗锯齿。新叶红紫色，春叶深紫红色，夏叶绿色，秋叶赤茶色。

（8）日出 *Acer palmatum* 'Hinode'

品种简介：鸡爪槭品种，落叶小乔木，掌状 7 深裂，叶缘有锯齿。春叶紫红色，夏叶绿紫色，秋叶橙红色。

（9）红枫 *Acer palmatum* 'Atropurpureum'

品种简介：又名紫红鸡爪槭。落叶小乔木。单叶对生，掌状7～9深裂，几乎达叶基，裂片为狭窄的椭圆形，边缘具锯齿。叶常年紫红色，有些秋叶为深红色或赤茶色。

（10）凯拉 *Acer amoenum* 'Kyra'

品种简介：落叶小乔木。单叶对生，叶掌状7深裂，裂片边缘有锯齿。新叶红色，春叶红紫色，秋叶逐渐变为橙红色。当年生枝条生长季黄绿色。

（10）**青枝垂** *Acer palmatum* 'Ao shidare'

品种简介：叶片 7～9 裂，裂片深裂至基部。新枝黄绿色，成熟枝灰绿色。新叶浅黄色，春叶青绿色，成熟叶墨绿色。叶片基部为截形或近似截形，小裂片叶缘有深锯齿，叶形似羽毛。枝干自然弯曲，树形飘逸，叶片抗灼伤能力强。

（11）**绿雾** *Acer amtsumurae* 'Green Mist'

品种简介：落叶小乔木。叶深裂达叶基，裂片狭长且羽状细裂。新叶黄绿色，带有粉红色边晕；成熟叶逐渐变为绿色；秋叶则渐渐变为黄色或橙黄色。

（12）羽毛枫 *Acer palmatum* 'Diissectum'

品种简介： 落叶小乔木。叶片七裂，深裂达叶基，裂片狭长且羽状细裂。新叶黄绿色，带有粉红色边晕；成熟叶逐渐变为绿色。新枝浅黄绿色，枝条较平展，微下垂；叶片抗灼伤能力较强。

（13）红羽毛枫 *Acer palmatum* 'Diissectum ornatum'

品种简介： 落叶小乔木。叶深裂达叶基，裂片狭长且羽状细裂。新叶黄绿色，带有粉红色边晕；成熟叶逐渐变为绿色；秋叶则渐渐变为黄色或橙黄色。

（14）**红柳树** *Acer palmatum* 'Hubbs Red Willow'

品种简介：落叶小乔木。叶片掌状深裂达叶基，裂片狭长，线形与披针形并存，细长线形裂片 5 裂和 7 裂，披针形叶片 5 裂或 7 裂等混在一起。春叶和夏叶紫红色，秋叶橙红色或红褐色。

（15）**羽衣** *Acer palmatum* 'hagoromo'

品种简介：单叶裂片分离。新叶黄绿色，带有红棕色或茶色边缘；春叶黄绿色；夏叶绿色，叶柄赤褐色引人注目；秋叶浓茶色或红色。

（16）日笠山 *Acer palmatum* 'Hikasa yama'

品种简介： 嫩叶像鸟足状展开，新叶裂片带有漂亮的黄色和粉红色的边晕，斑脉沿黄绿色的叶子基部四面展开，斑脉颜色为粉红色、黄绿色。夏叶逐渐变为很薄的绿色，秋叶则渐渐变为赤黄色或赤橙色。

（17）扇爪柿 *Acer amoenum* 'Ogi tsumagaki'

品种简介： 落叶小乔木。叶片纸质，常掌状 9 裂，裂片披针形，先端渐尖，边缘具细锯齿。新叶黄绿色，叶尖（爪部）红褐色；夏叶绿色，爪部颜色逐渐消失；秋叶变成橙红色。

（18）赤枫 *Acer palmatum* 'Sango-kaku'

品种简介： 落叶小乔木。冬季及春季展叶前枝条鲜红色，非常显眼。单叶对生，掌状 5～7 裂，裂片呈披针形，先端长渐尖，边缘具锯齿。嫩叶橙黄色，裂片周围具有镶边状红色边晕，格外引人注目；春叶绿色；夏叶逐渐变为黄绿色；秋叶则渐渐变为黄色或赤茶色。

（19）花吹雪 *Acer palmatum* 'Hana fubuki'

品种简介： 落叶小乔木。春叶黄绿色，裂片带有粉红色覆轮；夏叶黄绿色，粉红色覆轮逐渐变薄；秋叶红色或橙红色。

（20）三笠山 *Acer sieboldianum* 'Mikasa yama'

品种简介： 落叶小乔木。当年枝条为红褐色，嫩时有毛，后脱落。叶掌状 7～9 裂，裂片呈长卵形。幼叶中间黄绿色带有红色镶边，成熟叶片中间绿色，带有黄色斑块；夏叶中间绿色，带有不规则淡黄色斑块，夏末叶绿色；秋叶橙红色。

附　录

附录1 校内"国家重点保护野生植物"一览表

附表1 校内"国家重点保护野生植物"一览表

序号	植物名	来源	种植地点	引入新校区时间	保护级别
1	苏铁	老校区	1号教学楼西等	2009	Ⅰ级
		老校区	图书馆广场	2009	
2	灰干苏铁	台州学院	创业街西端	2020.03.12	Ⅰ级
3	德保苏铁	台州学院	2号实训楼天井	2019.10.22	Ⅰ级
4	叉孢苏铁	台州学院	创业街西端	2019.10.22	Ⅰ级
			1号实训楼天井	2021.03.24	
5	多歧苏铁	台州学院	2号实训楼天井	2019.10.22	Ⅰ级
6	叉叶苏铁	台州学院	1号实训楼天井	2023.11.30	Ⅰ级
7	多羽叉叶苏铁	台州学院	2号实训楼天井	2023.11.30	Ⅰ级
8	贵州苏铁	台州学院	1号实训楼天井	2023.11.30	Ⅰ级
9	滇南苏铁	台州学院	1号实训楼天井	2023.11.30	Ⅰ级
10	银杏	老校区	2号实训楼北	2009	Ⅰ级
		山东郯城	3号教学楼北等	2011	
		江西永源	校大门围墙一带	2019.11	
11	水松	台州学院	农学院基地、2号教学楼北	2019.04.26	Ⅰ级
			1号食堂北	2019.10.22	
12	水杉	萧山花木城	江边绿化带	2011	Ⅰ级
13	崖柏	台州学院	农学院基地	2019.04.25	Ⅰ级
14	大别山五针松	台州学院	图书馆东北	2021.03.24	Ⅰ级
15	毛枝五针松	台州学院	图书馆东北	2019.10.22	Ⅰ级
		台州学院	图书馆东北	2023.11.30	
16	红豆杉	台州学院	行政楼天井	2019.10.22	Ⅰ级
			图书馆北	2021.03.24	

序号	植物名	来源	种植地点	引入新校区时间	保护级别
17	东北红豆杉	台州学院	图书馆北	2019.04.26	Ⅰ级
			图书馆北	2023.11.30	
18	南方红豆杉	黄岩茅畲苗圃	行政楼天井	2012	Ⅰ级
		黄岩花鸟市场	盆景园	2014	
19	华盖木	台州学院	1号学生楼（自励楼）北	2023.11.30	Ⅰ级
			1号食堂东	2019.04.26	
20	银缕梅	台州学院	图书馆北	2019.04.25	Ⅰ级
21	绒毛皂荚	台州学院	3号实训西北	2019.10.22	Ⅰ级
22	普陀鹅耳枥	台州学院	2号食堂东	2019.04.25	Ⅰ级
		舟山市林科院　赵颖赠	农学院基地	2023.03.09	
23	天目铁木	台州学院	3号实训楼南	2019.10.22	Ⅰ级
			1号教学楼北	2021.03.24	
24	广西火桐	台州学院	5号实训楼南	2019.10.22	Ⅰ级
25	坡垒	台州学院	5号实训楼南	2019.10.22	Ⅰ级
26	望天树	台州学院	农学院基地	2019.10.22	Ⅰ级
27	珙桐	台州学院	农学院基地	2019.04.25	Ⅰ级
		台州学院	1号学生楼（自励楼）北	2023.11.30	
28	杜鹃红山茶	黄岩花鸟市场	3号实训楼天井	2020.09.01	Ⅰ级
29	金毛狗	台州学院	2号实训楼天井	2020.03.12	Ⅱ级
30	桫椤	台州学院	2号实训楼天井	2019.11.08	Ⅱ级
			2号实训楼天井	2023.11.30	
31	黑桫椤	台州学院	2号实训楼天井	2019.11.08	Ⅱ级
32	苏铁蕨	台州学院	2号实训楼天井	2020.03.12	Ⅱ级
33	翠柏	台州学院	3号实训楼南	2019.10.22	Ⅱ级
34	福建柏	台州学院	5号学生楼（日进楼）西	2019.10.22	Ⅱ级

序号	植物名	来源	种植地点	引入新校区时间	保护级别
35	台湾杉	台州学院	图书馆北	2019.10.22	Ⅱ级
36	柔毛油杉	台州学院	2号学生楼（谨信楼）西	2019.04.26	Ⅱ级
			2号学生楼（谨信楼）西	2023.11.30	
37	金钱松	老校区	1号教学楼西等	2009	Ⅱ级
38	黄杉	台州学院	图书馆东北	2021.03.24	Ⅱ级
39	罗汉松	百花园林公司	2号教学楼北等	2010–2011	Ⅱ级
40	短叶罗汉松	广州苗圃	图书馆广场前	2012	Ⅱ级
		老校区	1号教学楼西等	2009	
41	小叶罗汉松	台州鹤立农业发展有限公司	农学院基地	2018.03.19	Ⅱ级
42	兰屿罗汉松	路桥花鸟市场	农学院基地	2013	Ⅱ级
43	百日青	台州学院	图书馆北	2019.04.26	Ⅱ级
44	穗花杉	台州学院	2号实训楼天井	2019.10.22	Ⅱ级
45	云南穗花杉	台州学院	2号实训楼天井	2019.11.08	Ⅱ级
46	海南粗榧	台州学院	图书馆北	2019.10.22	Ⅱ级
47	篦子三尖杉	台州学院	图书馆北	2019.04.26	Ⅱ级
48	榧树	台州学院	图书馆北	2019.04.25	Ⅱ级
			学生楼西	2019.10.22	
49	长叶榧	台州学院	图书馆北	2019.04.25	Ⅱ级
50	滇南风吹楠	台州学院	5号实训楼南、农学院基地	2019.10.22	Ⅱ级
51	长蕊木兰	台州学院	农学院基地	2019.04.26	Ⅱ级
52	鹅掌楸	黄岩院桥苗圃	1号教学楼北等	2019.10.22	Ⅱ级
53	厚朴	台州学院	3号实训楼西北	2021.11.16	Ⅱ级
54	馨香玉兰	台州学院	创业街东端	2019.10.22	Ⅱ级
55	大叶木莲	台州学院	5号实训楼东	2019.11.08	Ⅱ级
56	毛果木莲	台州学院	5号实训楼东	2019.10.22	Ⅱ级

序号	植物名	来源	种植地点	引入新校区时间	保护级别
57	峨眉含笑	台州学院	3 号学生楼（思齐楼）西北	2019.10.22	Ⅱ级
		台州学院	2 号学生楼（谨信楼）南	2023.11.30	
58	云南拟单性木兰	台州学院	图书馆北	2019.04.26	Ⅱ级
			图书馆西	2021.03.24	
59	宝华玉兰	台州学院	8 号学生楼（德才楼）北	2019.04.25	Ⅱ级
60	夏蜡梅	台州学院	第一食堂北等	2019.04.26	Ⅱ级
61	油樟	台州学院	第一食堂东南	2019.04.25	Ⅱ级
62	天竺桂	台州学院	3 号实训楼南	2019.10.22	Ⅱ级
			3 号实训楼南	2021.03.24	
	普陀樟	台州学院	2 号教学楼西	2019.04.25	Ⅱ级
	普陀樟	台州学院	3 号教学楼西	2019.10.22	Ⅱ级
	浙江樟	台州学院	3 号实训楼南	2019.10.22	Ⅱ级
63	润楠	台州学院	图书馆北	2019.10.22	Ⅱ级
64	舟山新木姜子	台州学院	图书馆西	2019.04.25	Ⅱ级
			图书馆西	2021.03.24	
		萧山花木城	5 号实训楼北	2014.03.07	
65	闽楠	台州学院	图书馆北	2019.10.22	Ⅱ级
				2023.11.30	
66	浙江楠	黄岩茅畲苗圃	3 号教学楼南等	2013 年	Ⅱ级
67	楠木	台州学院	图书馆北	2019.04.25	Ⅱ级
68	金线兰	福建	组织培养室	2012	Ⅱ级
69	春兰	老校区	农学院基地	2009	Ⅱ级
70	蕙兰	老校区	农学院基地	2009	Ⅱ级
71	建兰	老校区	农学院基地	2009	Ⅱ级
72	墨兰	老校区	农学院基地	2009	Ⅱ级

序号	植物名	来源	种植地点	引入新校区时间	保护级别
73	寒兰	老校区	农学院基地	2009	Ⅱ级
74	铁皮石斛	路桥	农学院基地	2012	Ⅱ级
75	莲	黄岩花鸟市场	农学院基地	2010	Ⅱ级
76	长柄双花木	台州学院	1号教学楼北	2019.04.26	Ⅱ级
			1号教学楼北	2023.11.30	
77	连香树	台州学院	1号食堂东	2019.04.26	Ⅱ级
			1号食堂东	2023.11.30	
78	降香	台州学院	农学院基地	2019.04.25	Ⅱ级
79	格木	台州学院	5号实训楼南	2019.10.22	Ⅱ级
80	花榈木	台州学院	图书馆北	2019.04.25	Ⅱ级
81	红豆树	黄岩苗圃	农学院基地、2号教学楼北等	2013	Ⅱ级
82	玫瑰	黄岩药用植物园	2号食堂西 –1号食堂西	2023	Ⅱ级
83	小勾儿茶	台州学院	学生楼天井	2019.10.22	Ⅱ级
84	长序榆	台州学院	2号教学楼北	2019.04.25	Ⅱ级
			1号学生楼（自励楼）北	2023.11.30	
85	大叶榉树	台州学院	2号食堂南	2019.04.25	Ⅱ级
86	台湾水青冈	台州学院	1号教学楼北	2019.10.22	Ⅱ级
87	天台鹅耳枥	台州学院	第一食堂北	2018.11	Ⅱ级
88	金丝李	台州学院	5号实训楼东	2020.03.12	Ⅱ级
89	伞花木	台州学院	图书馆西南、5号实训楼北	2019.10.22	Ⅱ级
90	掌叶木	台州学院	农学院基地	2019.10.22	Ⅱ级
91	梓叶槭	成都植物园 曾心美赠	农学院基地	2024.03.08	Ⅱ级
92	宜昌橙	台州学院	2号实训楼东	2019.10.22	Ⅱ级
93	莽山野橘	浙江省柑橘研究所	农学院基地	2021	Ⅱ级
94	山橘	台州鹤立农业发展有限公司	农学院基地	2020.04.24	Ⅱ级

序号	植物名	来源	种植地点	引入新校区时间	保护级别
95	金豆	台州鹤立农业发展有限公司	农学院基地等	2020.04.24	Ⅱ级
		黄岩花鸟市场	盆景园	2010	
		黄岩邱明才苗圃	农学院基地	2023	
96	黄檗	台州学院	图书馆西北	2019.04.25	Ⅱ级
97	毛红椿	台州学院	1号教学楼西	2019.04.26	Ⅱ级
98	滇桐	台州学院	5号实训楼南	2019.10.22	Ⅱ级
99	蚬木	台州学院	5号实训楼南、农学院基地	2019.10.22	Ⅱ级
100	土沉香	台州学院	5号实训楼南	2019.10.22	Ⅱ级
101	伯乐树	台州学院	图书馆东北	2019.04.26	Ⅱ级
102	金荞麦	黄岩院桥镇雅里村溪边	农学院基地	2020	Ⅱ级
103	蛛网萼	台州学院	2号教学楼北	2019.04.26	Ⅱ级
104	金花茶	台州学院	2号实训楼天井	2019.04.26	Ⅱ级
			2号实训楼天井	2023.11.30	
105	中越金花茶	台州学院	2号实训楼天井	2020.03.12	Ⅱ级
			2号实训楼天井	2023.11.30	
106	东兴金花茶	台州学院	2号实训楼天井	2020.03.12	Ⅱ级
107	多变淡黄金花茶	台州学院	2号实训楼天井	2020.03.12	Ⅱ级
108	平果金花茶	台州学院	2号实训楼天井	2020.03.12	Ⅱ级
109	显脉金花茶	台州学院	2号实训楼天井	2019.11.08	Ⅱ级
110	凹脉金花茶	台州学院	2号实训楼天井	2019.10.22	Ⅱ级
111	毛籽金花茶	台州学院	2号实训楼天井	2020.03.12	Ⅱ级
112	贵州金花茶	台州学院	2号实训楼天井	2023.11.30	Ⅱ级
113	毛瓣金花茶	台州学院	2号实训楼天井	2023.11.30	Ⅱ级
114	小果金花茶	台州学院	2号实训楼天井	2023.11.30	Ⅱ级
115	天峨金花茶	台州学院	1号教学楼北	2020	Ⅱ级

续表

序号	植物名	来源	种植地点	引入新校区时间	保护级别
116	狭果秤锤树	台州学院	1号教学楼西	2019.04.26	Ⅱ级
117	秤锤树	台州学院	2号食堂东南	2019.04.25	Ⅱ级
118	黄梅秤锤树	台州学院	图书馆北、1号教学楼西	2019.04.26	Ⅱ级
119	长果秤锤树	台州学院	图书馆北	2021.03.24	Ⅱ级
			图书馆北	2023.11.30	
120	香果树	台州学院	1号食堂北	2019.04.25	Ⅱ级
			图书馆北	2019.11.08	
121	七子花	台州学院	1号食堂北、3号实训楼南	2019.10.22	Ⅱ级

附录2　校内其他珍稀濒危植物一览表

附表2　校内其他珍稀濒危植物一览表

序号	植物名	来源	种植地点	引进新校区时间	省级保护
1	瓶尔小草	不详	广布于草坪中	不详	琼、渝
2	槲蕨	不详	大树枝干上	不详	桂
3	圆柏	临海绿化村	操场北出口南	2003	浙
4	油杉	台州学院	2号学生楼（谨信楼）西	2019.11.08	浙、赣
5	竹柏	黄岩茅畲苗圃	1号教学楼西等	2012	浙、赣、湘
6	睡莲	路桥花鸟市场	农学院基地	2010	浙、湘、闽、粤、冀、新
7	景宁玉兰	台州学院	1号教学楼北	2019.10.22	浙
8	天目玉兰	台州学院	1号食堂北	2023.11.30	浙、赣、苏、皖
9	望春玉兰	老校区	1号教学楼北等	2009	豫、渝
10	金叶含笑	嵊州苗圃	图书馆西等	2013	琼、赣
11	黄心夜合	台州学院	5号实训楼南	2019.11.08	豫、湘、渝

序号	植物名	来源	种植地点	引进新校区时间	省级保护
12	巴东木莲	台州学院	8号学生楼（德才楼）北	2019.10.22	鄂（极小）、湘、渝
				2021.03.24	
13	亮叶木莲	台州学院	5号实训楼南	2019.11.08	云
14	石山木莲	台州学院	8号学生楼（德才楼）东北	2019.10.22	
				2021.03.24	
15	观光木	台州学院	1号食堂东等	2019.04.26	湘、琼、贵、赣、桂、粤
			5号实训楼北	2021.03.24	
16	乐东拟单性木兰	台州学院	8号学生楼（德才楼）北	2019.10.22	浙、湘、琼、闽、贵、赣、粤
			2号学生楼（谨信楼）北	2023.11.30	
17	蜡梅	萧山苗圃	2号实训楼天井等	2010	浙、皖、陕
		路桥	盆景园	2019	
		老校区	行政楼天井	2009	
18	山蜡梅	不详	2号实训楼天井	不详	陕
19	天目木姜子	台州学院	1号教学楼北	2019.10.22	浙、豫、皖
20	檫木	不详	江边绿化带	不详	陕
21	绶草	不详	图书馆西北侧草坪	不详	陕、冀、新、京、琼、晋、内蒙古、宁
22	多花黄精	不详	果园	不详	贵
23	小蓬竹	台州学院	2号教学楼西	2021.11.16	
24	黄杨	路桥花鸟市场	图书馆西	2011	赣、渝
25	芍药	黄岩神禾生态有限公司	3号实训楼西	2023	冀、内蒙古
26	枫香	老校区	1号教学楼北	2009	豫
27	细柄蕈树	老校区	新学生楼北	不详	
28	半枫荷	台州学院	图书馆北	2019.04.25	湘、琼、贵、赣、桂、粤

序号	植物名	来源	种植地点	引进新校区时间	省级保护
29	山白树	台州学院	1号食堂南	2019.10.22	豫、湘、晋、陕、渝、甘
30	水丝梨	台州学院	1号学生楼（自励楼）北	2023.11.30	陕、皖
31	三叶崖爬藤	黄岩苗圃	农学院基地	2013	浙、赣、皖
32	任豆	台州学院	图书馆西北	2019.04.25	赣
33	山樱花	奉化苗圃	1号教学楼西	2012	津
34	琅琊榆	浙江大学 李攀	农学院基地	2023.02.15	苏、皖
35	醉翁榆	浙江大学 李攀	农学院基地	2023.02.15 / 2024.03.11	皖
36	红果榆	浙江大学 李攀	农学院基地	2024.03.11	皖
37	糙叶树	路桥苗圃	3号教学楼西南	2013	陕
38	青檀	台州学院	1号教学楼西	2019.10.22	浙、豫、苏、晋、京、桂、皖、渝、冀、鲁
39	青钱柳	天台、衢州	5号实训楼北、农学院基地等	2018	豫、湘、贵、陕、赣、桂、皖、渝
40	华榛	台州学院	1号教学楼西 / 1号学生楼（自励楼）北	2019.04.26 / 2023.11.30	浙、豫、皖、渝
41	多花山竹子	台州学院	农学院基地	2020.03.12	赣
42	猫儿屎	上海植物园 付艳茹	农学院基地	2024.05.17	浙、赣
43	福建紫薇	黄岩药山梅花长廊	盆景园	2012	闽
44	紫薇	老校区 / 不详	1号食堂东南等 / 4号学生楼（思勉楼）东	2009 / 不详	陕
45	瘿椒树	台州学院	1号食堂西北	2019.11.08 / 2021.03.24	豫、闽、陕、赣、桂、皖、渝
46	黄连木	台州鹤立农业发展有限公司	盆景园	2012	晋、京、冀
47	血皮槭	台州学院	图书馆北	2019.04.26	湘、晋、渝、甘

续表

序号	植物名	来源	种植地点	引进新校区时间	省级保护
48	鸡爪槭	老校区	1 号教学楼西	不详	
49	七叶树	萧山花木城	图书馆北	2010	豫
50	云南七叶树	台州学院	图书馆西	2019.10.22	
51	海滨木槿	台州学院	图书馆北	2019.04.25	浙、闽
52	蓝雪花	路桥花鸟市场	1 号食堂东等	2022 年	晋
53	喜树	老校区	1 号教学楼北	不详	
54	厚皮香	萧山花木城	江边绿化带	2010	湘
55	乌柿	台州鹤立农业发展有限公司	盆景园	2016	贵、渝
56	老鸦柿	台州鹤立农业发展有限公司	盆景园	2009	皖
		校友张武、叶茂赠	盆景园	2019	
57	红山茶	老校区等	江边绿化带等	2009	浙、赣、鲁
58	杜仲	台州学院	3 号教学楼西南	2019.10.22	浙、豫、皖
		路桥苗圃	3 号教学楼西南	2013	
59	络石	不详	农学院基地等	不详	晋
60	日本女贞	萧山花木城	江边绿化带	2010	浙
61	湖北梣	台州鹤立农业发展有限公司	盆景园	2012	鄂（极小）
62	大叶冬青	老校区	2 号教学楼东北	不详	皖
63	铁冬青	萧山花木城	农学院基地	2010	
64	日本荚蒾	台州学院	图书馆北	2019.04.25	浙
65	琼花荚蒾	萧山花木城	江边绿化带	2010	浙
66	幌伞枫	路桥花鸟市场	盆栽	2022	琼

附录3 近年引进的珍贵园林树种一览表

附表3 近年引进的珍贵园林树种一览表

序号	植物名称		来源	种植地点	引进时间
	种或种类	品种名			
1	北美红杉		萧山花木城	学生楼西	2014
			三门农业局	1号食堂西北	2018.11
2	日本冷杉		临海市林特局	农学院基地	2018.11
			三门农业局	图书馆西等	2018.11
3	多花蓝果树		三门农业局	江边绿化带	2018.11
4	加拿大紫荆		三门农业局	图书馆北	2018.11
5	欧洲荚蒾		虹越园艺家台州店	行政楼天井	2016
			虹越园艺家台州店	第一食堂北配电房	2019.11
6	水杉	金叶水杉	萧山花木城	农学院基地	2014.03
7	南天竹	火焰南天竹	宁波市林场	3号实训楼东北	2018.11
8	樱花类	关山樱	宁波市林场	1号教学楼西	2018.11
9		松月樱	宁波市林场	1号教学楼西	2018.11
10		郁金樱	宁波市林场	1号教学楼西	2018.11
11		白妙樱	宁波市林场	1号教学楼西	2018.11
12	月季类	黄金庆典	黄岩花鸟市场	校门口围墙–农学院基地	2017.04
13		粉色龙沙宝石	虹越园艺家台州店	校门口围墙–农学院基地	2016.04
14		红色龙沙宝石	黄岩花鸟市场	校门口围墙–农学院基地	2018.04
15		紫袍玉带	黄岩花鸟市场	校门口围墙–农学院基地	2018.04
16		罗衣	虹越园艺家台州店	校门口围墙–农学院基地	2019.04
17		娜希玛	黄岩花鸟市场	校门口围墙–农学院基地	2018.01
18		雀之舞	虹越园艺家台州店	校门口围墙–农学院基地	2019.04
19		安吉拉	台州市闰景园林建设有限公司	校门口围墙–农学院基地	2018.04

序号	植物名称		来源	种植地点	引进时间
	种或种类	品种名			
20		藤彩虹	台州市闽景园林建设有限公司	校门口围墙－农学院基地	2018.04
21		大游行	台州市闽景园林建设有限公司	校门口围墙－农学院基地	2018.04
22		斑纹博洛尼亚	台州市闽景园林建设有限公司	校门口围墙－农学院基地	2023.04
23		御用马车	黄岩花鸟市场	校门口围墙－农学院基地	2017.04
24		胭脂扣	虹越园艺家台州店	校门口围墙－农学院基地	2019.04
25		新想象	台州市闽景园林建设有限公司	校门口围墙－农学院基地	2023.04
26		夏洛特夫人	台州市闽景园林建设有限公司	校门口围墙－农学院基地	2017.04
27	月季类	红色重瓣绝代佳人	虹越园艺家台州店	校门口围墙－农学院基地	2021.04
28		粉色重瓣绝代佳人	虹越园艺家台州店	校门口围墙－农学院基地	2021.04
29		大紫光	虹越园艺家台州店	校门口围墙－农学院基地	2024.04
30		亚力克口红	虹越园艺家台州店	校门口围墙－农学院基地	2024.04
31		漂亮的吻	虹越园艺家台州店	校门口围墙－农学院基地	2024.04
32		红双喜	虹越园艺家台州店	校门口围墙－农学院基地	2024.04
33		克劳德·莫奈	校友唐丽媛赠	农学院基地	2024.06
34		姬乙女	虹越园艺家台州店	校门口围墙－农学院基地	2024.04
		果汁阳台	虹越园艺家台州店	校门口围墙－农学院基地	2018.04
35		剑舞	宁波市林场	学生楼南	2018.11
36		紫清姬	宁波市林场	学生楼南	2018.11
37		星屑	宁波市林场	学生楼南	2018.11
38		红千鸟	台州市鹤立农业发展有限公司	农学院基地	2021
39	槭树类	置霜	宁波市林场	学生楼南	2018.11
40		葛城山	宁波市林场	学生楼南	2018.11
41		洛丽塔	宁波市林场	学生楼南	2018.11
42		日出	宁波市林场	学生楼南	2018.11
43		红枫	宁波市林场	学生楼南	2018.11

序号	植物名称		来源	种植地点	引进时间
	种或种类	品种名			
44		凯拉	宁波市林场	学生楼南	2018.11
45		青枝垂	宁波市林场	学生楼南	2018.11
46		绿雾	宁波市林场	学生楼南	2018.11
47		羽毛枫	奉化市大利花木专业合作社	3号教学楼西北	2012
48		红羽毛枫	奉化市大利花木专业合作社	3号教学楼西北	2012
49	槭树类	红柳树	宁波市林场	学生楼南	2018.11
50		羽衣	宁波市林场	学生楼南	2018.11
51		日笠山	宁波市林场	学生楼南	2018.11
52		扇爪柿	宁波市林场	学生楼南	2018.11
53		赤枫	奉化市大利花木专业合作社	3号教学楼北	2016
54		花吹雪	宁波市林场	学生楼南	2018.11
55		三笠山	宁波市林场	学生楼南	2018.11

附录4　中文名索引

附录 5　学名索引

参考文献

［1］金效华，周志华，袁良琛，等.国家重点保护野生植物（第1-3卷）［M］.武汉：湖北科学技术出版社，2023.

［2］国家林业局野生动植物保护与自然保护区管理司，中国科学院植物研究所.中国珍稀濒危植物图鉴［M］.北京：中国林业出版社，2013.

［3］《浙江植物志（新编）》编辑委员会.浙江植物志（新编）（第1-10卷）［M］.杭州：浙江科学技术出版社，2020.

［4］张佐双，朱秀珍.中国月季［M］.北京：中国林业出版社，2006.

［5］林乐静，祝志勇.观赏槭树品种图谱［M］.杭州：浙江大学出版社，2017.

［6］祝志勇，王晖.观赏槭树品种图谱（Ⅱ）［M］.杭州：浙江大学出版社，2023.

［7］祝志勇，林乐静.槭树种质资源与栽培技术研究［M］.北京：科学出版社，2014.

［8］裘宝林，陈锋，谢文远，等.浙江槭树属植物新资料［J］.杭州师范大学学报（自然科学版），2021，20（01）：34-40.

［9］陶光复，吕爱华.浙江桂及其相近种的亲缘关系及分类等级探讨［J］.武汉植物学研究，1986，（02）：159-166+223-224.

［10］叶泉清，薛跃规.淡黄金花茶归并种的形态特征比较及分类探讨［J］.中山大学学报（自然科学版），2013，52（03）：103-111.

［11］何海荣，吴耀成，金民忠，等.浙江景宁国家重点保护野生植物多样性及保护建议［J］.亚热带植物科学，2023，52（04）：336-342.

［12］于永福.中国野生植物保护工作的里程碑——《国家重点保护野生植物名录（第一批）》出台［J］.植物杂志，1999（05）：3.

［13］马玉栋，苟光前，孟文艺，等.贵州特有、极危竹种——爬竹、小蓬竹的解剖学研究［J］.山地农业生物学报，2012，31（1）：5.

［14］宋波，胡叙伟.药用植物绥草的研究进展［J］.现代农业科技，2019，（05）：63-65.